# Frågan är svaret

Metakognitivt lärande genom frågestrategier

JanErik Pederstorp

Omslagsbild, teckningar, layout Oscar Petersson
Layout inlaga/omslag: Tor Faxén
Författarfoto: Lena-Marie Ahl
Språklig rådgivare: Jan-Olof Sjöström
Förlag: BoD – Books on Demand, Stockholm, Sverige
Tryck: BoD – Books on Demand, Norderstedt, Tyskland
ISBN: 978-91-8007-684-5

# Innehåll

# Inledning

## Tillsammans är vi starkare

Efter ett långt lärarliv var det naturligt för mig att sammanfatta mina positiva erfarenheter. Vad hade gjort skillnad? Som specialpedagog hade jag förmånen att samtala med och följa elevens och lärarens arbete i klassrummet och enskilt. Vad blir då resultatet om jag ställer dessa intryck mot min erfarenhet som lärare från år 3 till gymnasiet? Det som slog mig var att den positiva kraften i vår inre motivation förlöstes under respektfulla/lekfulla samtal och samarbeten med lärare och klasskamrater. Vi är inte medvetna om vilka resurser som finns inom oss förrän vi känner oss delaktiga och blir bekräftade där vi befinner oss. Det avspända, lekfulla samtalet utvecklar förmågan att ställa frågor och reflektera över egen och andras kunskap. Berättelser, problematiseringar följda av aktiverande uppdrag stärker närvaron och bekräftar den egna insatsens betydelse. Avslutas sedan lektionerna i små grupper eller studiegrupper utvecklar eleverna detta arbete på egen hand.

## Hjärnans arbete kan påverkas med frågestrategier

Lyfter vi fram betydelsen av att medvetet rikta uppmärksamheten med frågestrategier kan vi aktivera långtidsminnets resurser. Hjärnforskning har visat att hjärnans arbete kan påverkas genom frågor, reflektion och kan förstärkas under samtal i en studiegrupp. Effekten av inlärningen förstärks sedan i en studiegrupp i slutet av varje lektion. Målet är att lärandet skall ta sin början i elevens egen aktivitet och medlet är medvetna frågestrategier för att skapa egna meningsfulla sammanhang. Detta förhållningssätt bygger på hjärnan bara kan hantera ett inflöde (media) åt gången. Multitasking förkastas av hjärnforskarna.

## Texten bygger på repetitioner och sammanfattningar

Innehållet i texterna är delar av samma meningsfulla sammanhang. Vårt sätt att uppfatta värdet av ny information påverkas av många faktorer. Vi har alla olika erfarenheter och det påverkar inriktningen på hur vi bygger upp vår kunskap. Det blir då naturligt att reflektera över hur olika frågestrategier kan påverka vår förmåga att skapa mening av de ingående delarna.

Vilket metaperspektiv kan jag få av det sammanhang jag befinner mig i? Hur kan jag avslöja avsikten i olika källor? När jag läser en detaljerad text inställer sig lätt en mental utmattning. Det är svårt att ta in information oavsett innehållets allvar om det inte sker i någon form av berättelse som är förankrad i det aktuella sammanhanget. Berättelser består då av fakta inlagda i ett tydligt sammanhang som förklarar deras roll.

## Ge tekniska media den roll de förtjänar

Det är självskrivet att telefoners och datorers möjligheter skall utnyttjas. Samtidigt skall vi vara medvetna om att de representerar en kraftfull yttre motivation som ofta utformats för att registrera och påverka oss på affärsmässiga grunder. Med denna medvetenhet och en utvecklad källkritisk förmåga i minnet skall vi ta vara på den inspiration och de möjligheter som erbjuds i olika medier och låta dem beröra oss så att de kan bidra till vår inre motivation och skaparkraft. Låt oss därför avsätta tid för att upptäcka våra egna tankar genom frågestrategier och ta vara på våra kreativa reflektioner och söka kopplingar till viktiga erfarenheter. Först då har vi tillgång till vår inre motivation där allt lärande tar sin början.

## Samtal och samarbete är nyckeln

Det är under samtal och samarbete som eleverna bekräftar varandras kunskaper och tillsammans skapar viktiga sammanhang samt positiva förväntningar. Vi blir sällan bättre än de förväntningar vi har på oss själva. Det finns därför inga snabba lättköpta kunskaper från nätet. Lärande handlar om medvetet hårt arbete med planering, reflektion och träning av frågebaserad studieteknik och uthållighet genom Grit-träning. I studiegruppen i slutet av lektionen lär sig eleverna sedan att berätta, lyssna och få sin kunskap bekräftad samtidigt som de får reda på vad de behöver komplettera med. Mina positiva erfarenheter inom dessa områden har jag sedan försökt få förklaringar på i aktuell hjärnforskning och i beprövad erfarenhet. Till min glädje har jag stöd för mina tankar och förhållningssätt.

## Hjärnan är flexibel, träning ger resultat

Framgång i studier kan direkt kopplas till förmågan att träna upp koncentration och uthållighet i arbetet för att uppnå de egna målen. Denna egenskap kan förbättras genom återkommande Grit-träning tillsammans med klasskamrater.

## Att frigöra resurser

Möjligheten att påverka hjärnans förmåga att lära finns beskriven i aktuell hjärnforskning. Med denna bakgrund blir det viktigt att arbeta med en genomtänkt frågebaserad studieteknik där läxor, repetition och utantillärande av strategisk kunskap som förbättrar arbetsminnets kapacitet. Hjärnans förmåga att anpassa sig kan tas tillvara genom medvetna frågestrategier som riktar uppmärksamheten och styr långtidsminnets arbete.

## Enkelhet och logik

Min utgångspunkt vid val av referenser har varit att de skall förmedla förklaringsmodeller och förslag som är enkla att genomföra pedagogiskt och logistiskt. Vi lärare är inte hjälpta av komplicerade förklaringar på mikronivå utan behöver tankemodeller och metodförslag som är rimliga att iscensätta i klassrummet. Jag sökte svar på vad hjärnforskningen, pedagoger, filosofer och den beprövade erfarenheten hos lärare säger om långsiktigt lärande.

## Textens utformning

Bokens kapitel inleds med en tankeväckande titel och tre - fyra frågor som skall ses som en ingress eller beskrivning av innehållet. Sedan följer korta stycken med talande rubriker som underlättar för snabbläsning av innehållet. Tanken är att underlätta för de som är vana vid att läsa på datorskärm. Med jämna mellanrum möter du repetitioner och sammanfattningar av viktiga förutsättningar därför att de ingår och påverkar helheten i alla kapitel.

**Sarah och Peter samtalar om innehållet med JanErik**

Efter varje kapitel samtalar de tecknade figurerna Sarah, Peter och JanErik i olika konstellationer. Sarah och Peter är unga lärare som har några års erfarenhet. Dessa ambitiösa kollegor samtalar ofta om sin lärarroll. I slutet av boken sammanfattar de innehållet och det hela avslutas med en uppmaning till JanErik att skriva ett åtgärdsprogram för den svenska skolan. Vilket också sker. Ni kommer också att få möta Kiwi från Pedagogia, vad han representerar lämnar jag till er att lista ut.

**Förklaring av begrepp:**

- **Frågestrategier:** Det är namnet på tydliga enkla frågor som ger raka svar som lätt kan analyseras. Ex. Vad handlar det om? Vad kan jag? När kan jag använda det? Dessa kompletteras efter situation.

- **Aktivt riktad uppmärksamhet:** Du reflekterar över vad du vill veta, vilken kunskapsmiljö har du tillgång till? Var kan det finnas svar? Hur formuleras en rättvisande fråga? Vilken typ av svar kan jag få?

- **Kunskapsrelaterad berättelse:** Ge viktiga fakta en meningsfull roll i en berättelse med tydligt sammanhang. Ex. När Johan skall gå till lektionens studiegrupp sammanfattar han sina anteckningar och tänker på hur han skall redovisa för de andra i gruppen. Han lär sig då mycket mer när han lyssnar på vad de andra uppfattat som viktigt och förstår då hur han lär och kan komplettera.

- **Ett eget meningsfullt sammanhang:** Det kan skapas när du utifrån dina erfarenheter och kunskaper formulerar frågor, reflekterar och skapar en faktabaserad berättelse (se ovan). Den sätter in egen och ny kunskap i ett eget förklarande sammanhang. Ex. Man kan inte ha på telefon och dator samtidigt som man skall lyssna på läraren, ställa frågor och anteckna. Anledningen är att varje gång telefonen eller datorn avger ljud- och ljussignaler tappar han förmåga att konc. sig under 20min. Då tappar man i förmåga att lära, blir stressad och slutar ställa frågor och reflektera. Då försöker man försöker minnas kunskapen i bilder som lagras kortsiktigt i arbetsminnet. En del elever frestas då att fuska genom att ladda ner andras texter.

Ursäkta! Där borta kommer Sarah och Peter!

Välkomna, kom med den här vägen!

# Kapitel 1

# Att iscensätta Lärande

- Varför är metaperspektivet så viktigt för att förstå vad vi kan och vad vi behöver lära oss? (Överblick av förutsättningar – möjligheter).

- Varför aktiverar frågebaserad studieteknik?

- Varför stärks din självbild av att du blir sedd, berörd, delaktig och behövd av andra i en studiegrupp?

## Den viktiga planeringen

Att planera en lektion har mycket gemensamt med att skapa en teaterföreställning. Målet är detsamma, att beröra och göra åhörarna/eleverna delaktiga i ett väl genomtänkt ämnesområde. Lyckas läraren/regissören med att få deltagarna att bli aktiva i någon form har man lyckats med uppdraget. Sättet vi möter våra elever har stor betydelse och det finns mycket som den gode ledaren skall tänka på.

**Att vara en tydlig förebild för eleverna.**

Läraren är alltid ett viktigt föredöme för sina elever och för att vara trovärdig är det viktigt att den egna personligheten präglar vårt sätt att undervisa. För min del har det inneburit att jag utvecklat ett nyfiket och kreativt förhållningssätt där berättelser, problematiseringar och uppdrag är viktiga inslag. I detta förhållningssätt är det den enkla berättelsen som iscensätter och beskriver det landskap där kunskapen befinner sig. Med en sådan introduktion vet eleverna vad faktauppgifterna betyder och har de förutsättningar att ställa viktiga utredande frågor och reflektera på egen hand för att bygga upp sina meningsfulla sammanhang. En sådan aktivitet förbättrar elevernas inre motivation när de skall formulera egna mål och att träna på att inte ge upp förrän målen är uppfyllda. 20), 21).

20) Angela Duckworth s. 11-12. 21) Torkel Klingberg s. 135-139.

En sådan träning har namnet Grit och innebär att eleverna skall lära sig att fråga och ta emot hjälp för att genomföra den egna planen. Hinder skall ses som naturliga och roliga utmaningar. Återkommer mer utförligt om denna metod. När pedagoger beskriver framgångsrika arbetssätt utgår jag alltid från att de gjort prioriteringar och medvetna val för att utveckla arbetssättet. Dessa val ger en bild av hur de tolkat förutsättningarna och viktat vad som är avgörande kunskaper och vilken elevgrupp de riktar sig till. 22).

## Vilka risker och fallgropar skall undvikas?

1. Obehöriga inslag som oro/rörelser, ljud-, ljus- och bildstörningar (eller allt på en gång) i studiemiljön sänker förmågan till koncentration under 20 min efter varje störning. Upprepade störningar gör att koncentrationen aldrig har en chans att nå upp till full kapacitet!

2. Lektioner där tid saknas för egna frågor, reflektion och skrivande av sammanfattande anteckningar leder till att eleverna lyssnar för att minnas hur informationen ser ut och lagrar den obearbetad och kortsiktigt i arbetsminnet. Multitasking minskar lärandet inom varje område och lagrar kortsiktiga minneskunskaper i arbetsminnet.

2. Lärande är socialt därför riskerar elevernas enskilda arbete i skolan att resultera i att en oreflekterad kunskap skapas som är ensidig, ytlig och mindre uthållig. En sådan kunskap lagras kortsiktigt i arbetsminnet.

3. Multitasking: - (att arbeta med flera medier och personer samtidigt), minskar reflektion och lärande inom varje område och lagrar all info kortsiktigt. Du har bara tillgång till en resurs och när den delas, minskar din förmåga att reflektera inom varje medium/källa.

4. Lärande är socialt, därför riskerar elevernas enskilda arbete i skolan och i hemmet att resultera i att en oreflekterad kunskap skapas som är ensidig och kortsiktig. En sådan kunskap lagras i arbetsminnet med dess begränsade lagringstid.

5. Den ensamarbetande läraren fastnar lättare i samma pedagogiska mönster och metoder i brist på utmaningar och utebliven respons.

22) Skolverket,

6. Täta stora prov och dokumentationskrav likriktar och har en fördummande effekt därför att eleverna då anpassar sig och begränsar lärandet till att endast lyckas på redovisningar och prov. Eleverna lagrar då kortsiktigt all info i arbetsminnet, samt att de frestas att ta till genvägar genom att fuska, därför att deras kunskap som lagrades i arbetsminnet hela tiden försvinner. Detta är ett ökande problem

## Hjärnans flexibilitet ger förutsättningar för att skapa en bildningsresurs i långtidsminnet

Hjärnans flexibilitet möjliggör att dess arbete aktivt kan styras med aktiva strategier så att arbetsminnet kan få stöd av långtidsminnet. Ett sådant arbete aktiveras genom träning av frågebaserat lärande och Grit samt bekräftas genom samtal och samarbete i studiegrupp. Med detta förarbete finns det förutsättningar att bygga upp ett eget meningsfullt sammanhang som då bildar en flexibel bildningsresurs.

### Hur skapar eleven en bildningsresurs av sin kunskap?

Långsiktigt lärande byggs upp inifrån genom egen aktivitet och utvecklas vidare av positiv inre motivation och träning. Här har den medvetne läraren en viktig roll för att tyda de signaler och uttryckssätt som eleverna förmedlar när de svarar på lärarens nivåfrågor. Med denna information kan läraren ge en tydlig bekräftelse på den behovs - och kunskapsnivå eleven visat prov på.

### Ett personligt metaperspektiv

Eleven kan nu utveckla ett personligt metaperspektiv genom frågestrategier och egen reflektion som gör kunskapen meningsfull och i ett tydligt sammanhang. Detta är nu en personlig uppfattning om kunskapen som måste beskrivas och prövas under samtal och samarbete i en studiegrupp. Eleven får nu tillfälle att lära sig att sammanfatta, göra en beskrivning, framföra dem, lyssna till klasskamraternas uppfattning och träna på att omvärdera sina uppfattningar om vad som är viktigt.

### Kunskap lagrad i långtidsminnet skapar en bildningsresurs

Denna kunskap är en bildningsresurs, som är användbar i många samman-hang. Kunskapsutvecklingen hålls sedan vid liv genom att läraren fortlöpande tränar frågebaserad studieteknik med eleverna. Lärarens sätt att disponera lektionen med pauser, sammanfattningar, problematiseringar, uppdrag och studiegrupper blir naturliga moment inom lektionens ram. En god studiemiljö kännetecknas av ett samarbete mellan lärare, elever och föräldrar när det gäller mobilförbud på lektioner och restriktiv användning av datorer.

### Elevernas behov styr utformningen av undervisningen

Läraren styr utformningen av undervisningen med stöd av eleverna. Föräldrarnas uppgift är att motivera och tala väl om skolan samt stötta skolans telefonförbud under lektioner. De ser till att deras barn och ungdomar får en bra studiemiljö i hemmet och uppmuntrar dem till att arbeta med frågebaserad studieteknik och talar om matens och de sociala kontakternas betydelseför hälsa tillsammans med sina barn och ungdomar. Det kan innebära goda matvanor (medelhavsmat) och vila samt att begränsa dator- och telefontid under läxläsning. Det är också viktigt att de stimulerar läsning av böcker genom att själva läsa böcker.

### Läxornas roll

Läxor är bra – om de ligger på rätt nivå och ges i rätt mängd. I takt med att barnen blir äldre ökar läxornas effekt på deras resultat i skolan. Läxläsning förstärker också lärande och utjämnar skillnader i elevernas resurser och hemmiljö. Avsatt tid för läxor blir då en förutsättning för ett insiktsfullt och fördjupat lärande.

### Repetitionens betydelse för långsiktigt lärande

Enligt hjärnforskarna måste kunskap repeteras första gången inom lektionstiden. Det kan då ske under samtalen i studiegruppen och sedan vid upprepade tillfällen i skolan och hemma för att bli en varaktig kunskap. Stöd för läxläsning och översiktsläsning/förförståelse skall då ske i anslutning till skoldagen på den egna skolan eller på bibliotek. 23).

23) Harris Hooper artikel SVD,

13

**Flipped classroom:**

Läraren ger eleverna förhandsinformation på klassens Facebooksida eller med fördjupningsuppgifter så att eleverna kan förbereda sig inför lektionerna genom att läsa och reflektera samt ställa de frågor som de sedan har med sig till lektionen.

## I ett metaperspektiv framträder lärarens förhållningssätt

Lärarens arbetssätt avslöjar om undervisningen utgår ifrån var eleverna befinner sig. Kan de ta till sig den information som kursmomentet kräver? 24), 25). Ett mått på detta är om eleverna kan se mönster i den aktuella informationen. Med det menas att de kan tolka och förstå sammanhanget och inse värdet av de ingående delarna. Denna bild av kunskapen underlättar när eleverna skall praktisera vad de lärt sig i andra situationer. 3)

## Nivåfrågor lyfter fram var eleverna befinner sig

Om läraren ställer nivåfrågor som ett naturligt inslag i undervisningen utvecklas ett bra metaperspektiv på elevernas prestationer. Målet måste vara att planeringen skall utgå från aktuella lägesbeskrivningar.

## Nivåfrågor:

Vad har eleverna förstått och vilka sammanhang har de skapat? Väl valda frågor ger svar som avslöjar vad eleverna kan och vilka sammanhang de skapat av sin kunskap. För att kunna skapa meningsfull kunskap krävs att eleverna gör aktiva val och själva reflekterar i en stimulerande och bekräftade miljö. Förmågan att beskriva sin kunskap för andra och lära sig att lyssna och ifrågasätta egen och andras kunskap i en studiegrupp utvecklar en tydlig bild av kunskapen. 26). Detta metaperspektiv ger läraren tydligare bild av var eleverna befinner sig i sitt lärande och vad de behöver komplettera med.

---

24) Sören Kierkegaard, 25) Petri Partanen/Lev Vygotskij, s. 50, 26) Antonovsky s. 40 – 41. 3) Peter Gärdenfors s. 154.

När du ställt frågor om hur eleverna uppfattat kunskapsinnehållet reflektera över följande frågor:

- Har eleverna fått tillräcklig bakgrundskunskap så att de kan bygga upp en egen bild av det du vill lära dem?
- Vilka svar har du fått när du frågat eleverna?
- Vad kan du utläsa av svaren?
- Vilken kunskapsnivå representerar de?
- Vilka kompletteringar måste du göra.

## Hjärnan är formbar

På senare år har hjärnforskarna kommit fram till att hjärnan är formbar. Det betyder att hjärnan fortsätter att utvecklas under hela livet om den blir stimulerad genom anpassade utmaningar inom dess utvecklingsområde. Om vi låter eleverna bejaka sin lust att ta emot information och samtidigt lär dem att aktivt rikta sin uppmärksamhet genom att ställa frågor och reflektera över svaren kommer något viktigt att inträffa. De börjar då bygga upp kunskapen i egna meningsfulla sammanhang.

**Låt din hjärna stimuleras av mentala utmaningar.**

Låt dem också stimuleras av mentala utmaningar, det är då de upptäcker möjligheter och begränsningar och kan utveckla värdet sin kunskap. I skoldebatten ifrågasätts nu den vanliga uppfattningen att den medfödda begåvningen (USA) är det viktigaste kriteriet för hur eleverna skall lyckas. Insikten att du kan träna upp din hjärnas funktioner (Japan) förändrar i grunden förutsättningarna och öppnar för nya möjligheter. 6), 21), 24), 25), 26), **27),**

27) Torkel Klingberg s. 21–22,

## Hjärnan har två nivåer

Förenklat kan man säga att hjärnan har två nivåer när det gäller att ta emot, bearbeta och minnas information. En ytlig nivå som jag väljer att kalla arbetsminnet och en djupare och mer långsiktig kunskapsnivå i långtidsminnet. 28).

## Den ytliga nivån - Arbetsminnet

Arbetsminnet är arbetsledaren som håller reda på regler, söker, samlar in information och ger snabb återkoppling, dess minnesförmåga är begränsad både i tid och mängd. I dagens informationssamhälle förväntas människor minnas hur kunskapen ser ut för att kunna ge snabba svar som sedan lagras kortsiktigt i form bilder/minnen i arbetsminnet. Här har vi hjärnans "Akilleshäl" i och med att detta minne lätt blir överbelastat.

### Arbetsminnet överbelastas av kortsiktiga minneskunskaper

När detta sker försämras hjärnans minnesfunktioner snabbt, vilket leder till koncentrationssvårigheter. Då infinner sig en känsla av otillräcklighet som ofta övergår till ett stresstillstånd. För att lösa det kan det uppstå ett behov av att ta genvägar. Ett sådant exempel kan vara ett ökat beroende av färdigreflekterade svar från nätet som är svåra att härleda, och som har en sämre förankring i egen kunskap och därför är svårare att använda i andra sammanhang.

### Den djupare nivån - långtidsminnet

Långtidsminnet har en nästan obegränsad minnesförmåga både i tid och mängd men det är trögstartat och långsamt. För att det skall aktiveras krävs att du ställer frågor och reflekterar över ny och egen kunskap. 6), 29). För att ytterligare fördjupa din kunskap skall du träna på att beskriva vad du kan inför andra, lyssna och samtala om den så att du får bekräftelse på din kunskap och kan komplettera vid behov. Då har du fått en kunskapsreferens som du har tillgång till under lång tid och i olika sammanhang.

28) Daniel Kahneman s.107, och 29) Daniel Kahneman s. 25-29, 30) Torkel Klingberg s.36

## Sinnesintryck förbättrar förmågan att minnas

Din förmåga att ta till dig kunskap är kopplat till dina ovan nämnda minnesfunktioner men i ett metaperspektiv kan man lägga till att hjärnan minns bättre ju fler sinnen som används. Kan du koppla minnesintryck av lukt, smak, känsel, motorik, syn och känslor lagras dessa minnen på fler ställen i hjärnan vilket gör dem lättare att knyta an till i många sammanhang. Tillåt dig att förundras, var öppen inför detaljer, gör kreativa kopplingar. Det kommer att bli din inre motor som ständigt för in dig på nya alternativa lösningar. I den lekfulla kreativiteten finner uppdrag sina lösningar för att du slappnar av och våga pröva olika lösningar, vara lite respektlös. Kreativiteten blir din lekfulla sökmotor i långtidsminnets lagrade erfarenheter och kunskap. Kopplingar uppstår nu spontant därför att du gör detta medvetet och att hjärnan alltid försöker skapa mening och tydliga sammanhang av aktuella fakta. Gärdenfors: citerar Nietzsche, den meningssökande människan, 2006.

## Betydelsen av att bygga upp egna meningsfulla sammanhang

Med denna förankring av ett minne kan du sedan koppla den till ny information i många former som underlättar när du konstruerar egna meningsfulla sammanhang. Den personliga närvaron har en särskild magi och det är i samspelet mellan människor ex. i en studiegrupp som fler sinnen aktiveras och utveckling sker naturligt.

## Berättelser:

Fakta som presenteras i form av en berättelse minns du bättre därför att den berör känslor och fler sinnen men också ger fakta/begrepp en naturlig förankring. Berättelser är också till sin natur kreativa och inbjuder till ett mer lekfullt och prövande förhållningssätt. Följden blir att du slappnar av och släpper fram associationer kopplade till dina minnen. 34). I den processen utnyttjar du långtidsminnets hela register och det viktigaste: du minns bättre. 31), 34).

31) Peter Gärdenfors s. 204. 34) Kahneman s. 107

## Problematisering och uppdrag engagerar eleverna

Lägger du sedan till en problematisering och ett uppdrag där denna kunskap kan prövas i naturlig miljö, förtydligas kunskapens delar och ger dem ett tydligt sammanhang som är lättare att minnas.

**Rikta din uppmärksamhet med frågor**

Genom att eleverna lär sig frågebaserad studieteknik med hälsotema förstärker de aktivt sin närvaro under skoltid och skapar en balans mellan fritid, mat, läxor och vila. Riktar de sedan medvetet sin uppmärksamhet aktivt genom att ställa frågor och reflektera över svaren kan de utnyttja långtidsminnets resurser. Deras lärande är då inte beroende av tillfälligheter utan blir då ett resultat av egen närvaro, reflektion och egna beslut. När eleverna vet att hjärnan minns bättre om fler sinnen är inblandade förstår de också hur viktigt det är att de är aktiva, ställer frågor och sammanfattar genom att skriva ner för hand under lektionerna. 35).

**Samtal i studiegrupp bekräftar**

I slutet av lektionen beskriver du sedan innehållet i dina anteckningar för dina kamrater i en studiegrupp, lyssnar till deras versioner och samtalar om den bästa tolkningen. På så sätt ser du aktivt till att din kunskap blir bekräftad och ger då en bild av elevernas kunskap, vad som är bra och vad som kan förbättras.

31) Peter Gärdenfors s.135, 32) Torkel Klingberg s. 39, 35) Torkel Klingberg s. 23.

# Samtalet

**JanErik** Att Iscensätta lärande, det låter som en teaterföreställning. Kanske är det så man skall tänka, för att lektionerna skall bli en gemensam upplevelse.

**Peter** Vi måste tänka på att vi är elevernas förebilder och att de skall känna sig bekräftade och våga delta aktivt. Att kalla det en teaterföreställning, det är en så fin bild av samarbetet.

**JanErik** Jag har varit med om att sätta upp ett antal musik-teater-föreställningar och det finns många likheter. Som pedagog är det bra om du kan vara kreativ och överraska med spännande berättelser eller låta eleverna skapa rollspel där kunskapen får en naturlig förklaring.

**Peter** Det har jag prövat, vi fick med så mycket viktiga fakta som eleverna inte kommer att glömma. Flera har berättat att de fortfarande långt efter minns vad skulle lära sig, det hade jag inte lyckats med på traditionellt sätt.

**Sarah** Jag känner igen detta och det viktiga metaperspektivet blir då en naturlig del av arbetet. Tyckte att det lät lite omständligt först, men det är så nyttigt att se helheten och förklara de ingående delarnas betydelse.

**Peter** Det är lätt att man tar på sig för stort ansvar, serverar upplevelser istället för att dela upp ansvaret. Tränar vi eleverna i frågebaserad studieteknik och Grit kommer det bli naturligt för dem att vara aktiva och medskapande.

**JanErik** Ingen kan förväntas klara av allt, men med en klar struktur, tydliga förhållningssätt och reflekterar över vad du gör tillsammans med andra får du en tydligare bild av vad gör och hur du lyckas nå fram till dina elever. Med de förutsättningarna kan du göra skillnad.

**Sarah** Det är en så fin känsla att fånga upp resultatet av deras tankar och lotsa dem vidare.

**Peter** Är kreativa tillsammans får vi större möjligheter att utveckla deras kunskap mer långsiktigt.

**JanErik** Precis, konsten är att vara lyhörd och medveten om hur viktigt det är att fånga de signaler och uttryck som eleverna vill förmedla.

**Sarah** Jag tror att arbetet i studiegruppen har förutsättningar att beröra och bekräfta eleverna.

**Peter** Det tror jag också, men det krävs nog en del träning för att de skall ta det på allvar och sedan kan jag styra upp arbetet med frågor det kommer att underlätta för dem.

**Sarah** Jag vill veta mer, för detta kapitel känns mer som en sammanfattning.

**JanErik** Helt rätt, detta var ett smakprov, nu börjar vi!

# Kapitel 2

# Bildning – som flexibel kunskapsresurs

- Vad vinner man på i att bygga upp egen reflekterad kunskap i form av bildning i långtidsminnet?

- Varför blir denna bildningsresurs användbar i fler sammanhang?

- Hur kommer det sig att medvetna val ger mer koncentration och kreativ förmåga att lära?

## Ett medvetet valt förhållningssätt

För mig är bildning ett ord som beskriver ett förhållningssätt till kunskap som innebär att aktuell information bearbetas med tydliga frågestrategier och reflektion där den egna erfarenheten/kunskapen vägs av mot innehållet i den nya informationen. I ett efterföljande klassamtal lyfter läraren fram viktiga moment som sedan kan bearbetas och blir kompletterade i en studiegrupp med klasskamraterna. En sådan utvald och reflekterad kunskap lagras i långtidsminnet och är tillgänglig under lång tid. Denna typ av kunskap ger bättre förutsättningar för att bygga upp egna meningsfulla sammanhang.

### På elevens initiativ

Tanken med denna process är att uppnå ett eget metaperspektiv på den aktuella informationen. En sådan lärprocess startar på elevens initiativ, nivå och erfarenhet med frågor och reflektioner som styrs av medvetna val med frågor som: vem står bakom informationen och kan det finnas ett syfte bakom uppgifterna? Finns en inriktning och innehåll som kan tillföra något i jämförelse med mina egna erfarenheter? Hur uppfattar läraren och deltagarna i studiegruppen informationens värde?

### Hanterbar och begriplig kunskap i form av en bildningsresurs

Detta är källkritikens grunder men det verkliga värdet av den nya kunskapen uppstår genom medvetna frågestrategier och reflektion med syfte att bygga upp ett eget meningsfullt sammanhang som är hanterbart och begripligt för just denna elev. Detta metaperspektiv skapar då en bildningsresurs som finns

22

tillgänglig i olika situationer och som lagras i elevens långtidsminne under lång tid.

## Bildning kan vara radikal

Detta bildningsbegrepp kan få en radikal innebörd. Redan Sokrates insåg detta, vilket ledde till att han själv var noga med att inte politisera samtalen med åhörarna. Genom att svara med nya frågor tvingade Sokrates dem till att göra egna analyser. Tanken var att de själva skulle bygga upp egna meningsfulla sammanhang av de förutsättningar som fanns. Sokrates formulerade frågorna så att de uteslöt vissa förutsättningar och i sig var en vägledning.

## Exempel:

På åhörarnas fråga, "varför utvecklas vårt samhälle som det gör nu?" Sokrates ställer följande frågor som svar: Hur kan man beskriva vårt samhälle? Vilka är våra ledare? Vilken bakgrund har de? Vad vill de göra? Vad är tanken bakom deras uttalande? Genom frågorna förflyttades reflektionen över till de bakgrundsfaktorer som fanns omkring dem och de svar som åhörarna kom fram till, byggde på deras egna erfarenheter och hur de uppfattade sammanhanget. Inför nya frågeställningar hade de nu fått exempel på strategier som underlättar när de skall konstruera egen kunskap. I skolmiljön kan läraren på detta sätt styra in elevernas reflektion på ett mer konstruktivt sätt under de viktiga klassamtalen.

## Sokrates idé om lärande

Sokrates visar hur viktigt det är att ställa frågor för att först uppfatta delarna som bildar det sammanhang du befinner dig i. 1) Därefter tar du ställning genom att ställa nya frågor för att bedöma det långsiktiga värdet av de givna förutsättningarna. Den egna erfarenheten styr sedan reflektionen över värdet av den nya insikten i olika situationer. 2). Sättet att fråga har då blivit ett sätt att se och förstå de fakta och företeelser som kan bilda meningsfulla mönster. Denna förmåga i leder sin tur till att eleven lättare kan avslöja eventuella avsikter i aktuell information och därigenom ha förmågan att agera i tid. 3).

## Bildning i ett historiskt perspektiv

Liberalerna och arbetarrörelsen insåg tidigt att demokrati och jämlikhet lättare kan uppnås genom att sprida bildning till fler. Genom att läsa och ta till sig vad litteratur, filosofi, psykologi, historia och vetenskap kan förmedla, kan vi upptäcka att inget är unikt. Det finns alltid faktorer och sammanhang som begränsar din möjlighet att påverka din situation. När du läser upptäcker du lättare att det finns alternativa lösningar på dina frågor.

### Din språkliga förmåga kan avslöja andras avsikter

När eleverna utvecklar sitt ordförråd förstår de bättre ords betydelse och inverkan på olika situationer, då inträffar också något med närvaron i den språkliga miljö eleverna befinner sig i. Det handlar då om en mer medveten och aktiv närvaro där läraren eller andra berättar, vid egen läsning, samtal och samarbete exempelvis i studiegruppen som vi lär oss och prövar nya ord. 8), 9). Med en sådan kunskap är det lättare att pröva nya förutsättningar, exempelvis genom att försöka "ställa sig i någon annans skor" och förutsättningslöst ta in hur andra människor beskriver och upplever sin situation. Vi kan då härleda avsikt och innebörd bakom tankar nya utvecklingsplaner. Förslagen kan också ges mer rättvisa och sanna proportioner därför att vi då agerar mer genomtänkt.7).

1.Sokrates/Forsell " Boken om pedagogerna"s.54. 2) Dewey/ Forsell " Boken om pedagogerna" s.98, 3) Gärdenfors 010,

## Tolkningar är en form av maktutövning

I samhällsdebatten matas vi med påståenden och värderingar om vad som är viktig kunskap och kompetens. Detta är en illa dold form av maktutövning. Förhållningssätt inom dessa områden uppfattas som invändningsfria sanningar och bygger på en enighet bland makthavare. Kort och gott: det handlar om hur dessa grupper tolkar budskapet i New public management vars enda mål är att maximera visten i alla sammanhang.

## Medveten styrning.

Dessa ställningstaganden beskrivs som något oundvikligt när det i själva verket är en medveten kontext för att styra utvecklingen. Grupper som uttrycker sig på detta sätt anser sig ha rätt att formulera villkoren för lärande och organisation av undervisning i våra skolor. Man hänvisar till olika tankesmedjor som uttalar sig utan att ha varken vetenskaplig evidens eller förankring i beprövad erfarenhet. Man har hög svansföring i tron att vi lärare skall falla för deras inbillade maktposition. Alla sunt resonerande och erfarna pedagoger ler åt dessa okunniga uttalanden men de är tyvärr fångade i ett sisyfosdilemma: ett beroende av politiker och osäkra skolledare som fattar beslut under tvång från ett som jag uppfattar som darrigt skolverk. Det är dags att sätta ner foten gentemot marknadskrafterna!

## Ett bildat motstånd saknas

Värderingar av denna karaktär frodas därför att det saknas ett bildat motstånd. Ett motdrag är då att skaffa sig ett metaperspektiv över bakgrunden till dessa värderingar genom egen reflektion baserad på kunskap om värdeladdade ords avsikt och betydelse i olika miljöer! Inom ekonomi och naturvetenskap finns det en övertro på att deras motivationstekniker skall utveckla undervisningen i skolorna. Har du kunskap om ekonomers och naturvetares drivkrafter och förhållningssätt är det lättare att genomskåda dessa gruppers avsikter när de uttalar sig.

## Ekonomer och naturvetare styr skolutvecklingen

Hos ekonomer och naturvetare (särintressen) finns en övertro på att dokumentation, större krav i kursplaner, konkurrens mellan elever, lärare

25

(utbytbarhet), skolor, länder, övertro på datorers läreffekt och fler prov skulle motivera och utveckla elevernas kunskap bättre. Lägg till idéer om att det skall vara möjligt att göra karriär inom skolan som förstelärare – expertlärare. I praktiken tillsätts dessa tjänster utan tydliga uppdrag, detta har inneburit att de medvetna och kompetenta lärarna inte söker dessa tjänster.

## Att vara oreflekterat förändringsbenägen

Alla skall vara förändringsbenägna inför alla förslag som politiker och i sin tur Skolverket (de borde vara mer kritiska) lanserar utan vetenskaplig förankring. Det senaste i raden är att alla elever skall lära sig programmering redan i år tre! När vi istället skulle tala om hur vi skall få alla elever att lära sig att utveckla språkmedvetenhet, läsförståelse, läshastighet, skriv- och mattekunskaper och inte minst en bra frågebaserad studieteknik med hälsoprofil! Skolan är en värld som bara utvecklas under samarbete mellan jämlikar. Lyft fram beprövad erfarenhet och skolpersonalens kunskap i relation till evidens inom psykologi, filosofi och pedagogisk vetenskap!

## Det negativa prefixet in; kommer inte från pedagoger

Lärande som bygger på negativ yttre motivation beskrivs ofta med prefixet in: inlärning, inhämta, införliva. Kunskapen blir då objektliknande utan djupare förståelse. Den tillförs då utifrån och skall memoreras. Roger Säljö beskriver detta förhållande på följande sätt: "kommunikationen blev enkelriktad och en i huvudsak passiv konsumtion av vad som presenterades" 42). Denna modell utgår ifrån att en individ eller organisation presterar mer om kraven ökar genom konkurrens och löften om belöningar i form av goda provresultat och dokumenterade framgångar.

## Vi ställs inför frågan, vilka kunskaper skall belönas, är det mätbarhet eller flexibel långsiktig kunskap?

Vad är det som belönas och vad står dokumenterandet för?

Risken är stor att den naturliga komplexiteten i ämneskunskaperna går förlorad när allt skall göras mätbart och möjligt att dokumenteras. Eleverna anpassar sig när de inser att avsikten med undervisningen är att vara mätbar genom att lyckas på de stora proven. I en situation där eleverna lär sig vilken typ av frågor läraren ställer och memorerar de svar som läraren vill ha hamnar lärandet i en fördummande spiral som är förödande för ett långsiktigt lärande. Varje gång denna kunskap efterfrågas måste eleven lära om på nytt, på grund av att det tidigare arbetssättet innebär att all information lagrats i kortsiktigt i arbetsminnet.

Det räcker inte med att hänvisa till att allt finns att hämta på nätet, problemet är att eleverna blir beroende av vad andra har gjort utan att veta bakgrunden till uppgifterna. Synen på kunskap blir då kortsiktig, det gäller att kunna leverera snabba oreflekterade svar.

Denna negativa kunskapssyn har förebilder utanför skolans värld som inte har samma uppdrag. I en sådan lärmiljö har man en överdriven tro på datorers läreffekt som inte har stöd i nyare hjärnforskning utan man inriktar sig ensidigt på att uppfylla målen utan stöd av elevens positiva inre motivation.

**John Dewey** beskriver denna situation så här: En lärare som är alltför upptagen av centrala läroplansmål och betygskriterier kommer att få stora svårigheter att stödja elevernas långsiktiga kunskapsprocess.

Exempel:

En förälder skall förhöra sin dotter som går på gymnasiet inför ett stort och viktigt prov. Följande händer: föräldern tycker att provet tar upp intressanta ämnen och ställer därför frågor om i vilket sammanhang dessa kunskaper kan användas. Dottern svarar då: Det kommer inte på provet, på lektionerna talar vi om vad vi skall kunna för att klara uppgifter vid provtillfällena.

Kommentar:

I skolor med tvärvetenskaplig inriktning tvärvetenskaplig inriktning är det naturligt att reflektera över kunskapers värde i olika situationer. I den miljön bygger proven på att sätta in kunskapen i praktiska sammanhang. Redovisningen sker då i föreläsningsform, utställning, film, datorpresentation eller en skriftlig berättelse. Dessa redovisningar bygger på ett medvetet konstruktionsarbete för att aktivt skapa eget meningsfullt sammanhang som prövats tillsammans med andra i en studiegrupp.

## Kunskap om evidens inom skolans värld skall styra utvecklingen

Låt oss studera vad hjärnforskare, psykologer och erfarna pedagoger har kommit fram till som avgörande för framgångsrikt lärande. Varför inte analysera vad som ligger bakom framgångarna i Finland och de asiatiska länderna!

## Vikten av att sätta egna ord på aktuella händelser och beslut

För att sätta ord på och genomskåda vad som händer i dagens samhälle måste vi reflektera över vad aktuell kunskap och kompetens står för. Tolkningen av dessa begrepp varierar beroende på vem som står för analysen och i vilket sammanhang man befinner sig. 7). Det blir nödvändigt att rikta uppmärksamheten på vilken roll de olika aktörerna har tagit sig och reflektera över hur de olika delarna påverkar helheten. Detta leder till en förmåga att härleda viktiga samband och se mönster i det ständiga informationsflödet vi ställs inför. Med denna insikt kan vi avslöja och agera på ett medvetet och utvecklat sätt. Vid tjänstetillsättningar tolkas ordet kompetens som en beskrivning av de krav som gäller för att söka en tjänst. Det låter bra men tanken är att undanröja den egentliga avsikten bakom den tydligt nischade uppdragsbeskrivningen.

### Avsikten bakom nischad kompetens

Egentligen handlar det om en medveten styrning av utbildning för att uppnå kortsiktiga branchtypiska mål. Din kompetens blir då av en nischad karaktär med kortlivat värde. Detta fenomen kan man upptäcka i otroligt detaljerade kravlistor inom tydligt avgränsade kompetensområden i platsannonser. De personer som anställs får sällan utbildning i företagets regi utan att de förutsätts vara färdigutbildade.

I denna kontext blir de anställda ersatta när deras nischade kompetens visar brister, därför att i denna kommersiella värld betraktas människan som en utbytbar vara. 7) 11).

### Bildning är ett förhållningssätt där man tänker självständigt

Om vi uppfattar bildning som ett förhållningssätt kan det tjäna som en avslöjande motvikt till en ensidig tolkning av uppdrag och definition av kunskap. Vi kan då lättare förhindra tankar på att information skall minnas som oreflekterad kunskap sparas som minnen i arbetsminnet för att snabbt kunna levereras i högt tempo och sedan glömmas bort. Om du själv bearbetar aktuell information med frågor och reflektion kan du konstruera egen meningsfull kunskap i långtidsminnet. Då undanröjer du möjligheten att falla offer för manipulation från ovan nämnda särintressen

**Vägen till bildning tar sig olika uttryck**

Idag har vägen till bildning kompletterats med förmågan att medvetet utnyttja datorernas informationsflöde och åskådlighet, genom att förhålla sig nyfiket, kreativt och kritiskt. Nyckelkompetenser blir då att ha kunskap om hur man söker på ett utvecklat sätt, hur man tar reda på vem avsändaren är och vilken förankring och avsikt denna eller gruppen bakom den har för att vidmakthålla eller skaffa sig inflytande. Att resa är ytterligare ett medel för att bilda sig. Genom att byta horisont är det lättare att "ställa sig i en annan människas skor", 10). Det senare är hoppfullt inför klimatförändringarna som kräver internationellt samarbete. Dock bör man avstå från flygresor av klimatskäl (författarens kommentar).

**Elevernas frågor och reflektion vägleder läraren i arbetet med att se var eleverna befinner sig.**

Läraren kan med ledning av innehållet i elevernas frågor avslöja var de befinner sig i sin reflektion och kunskap. Med den utgångspunkten är det lättare att vara ett stöd i deras utveckling. 3).

Denna vetskap har från början präglat mitt förhållande till mina elever och till undervisningsuppdraget i allmänhet. Vid ett tillfälle frågade en elev:

"Varför ställer du så många frågor, du svarar ju ändå själv på dem för det mesta".

Det var då jag insåg att jag utnyttjade frågor för att ta reda på och beskriva värdet av viktiga fakta. Denna upptäckt kom sedan att bli avgörande för fortsättningen.

7) Svensson 2017. 8) Lundberg Bornholmsmodellen. 9) Vygotskij/Partanen, 2009. 11) Steinfeldt, 201

När vi formulerade frågor riktade vi vår uppmärksamhet mer medvetet för att styra och nyansera vår reflektion för att lättare upptäcka mönster i informationen. När vi såg dessa mönster var det lättare att förstå värdet av aktuell information så att vi kunde bygga upp egna meningsfulla sammanhang. Eleverna tog till sig detta förhållningssätt och tillsammans utvecklade vi ett lekfullt bollande med frågor för att lära oss mer. 3) 7).

### Frågor utvecklar lärandet

På detta sätt blev frågorna ett medel för att undersöka och bygga upp egna meningsfulla sammanhang. Att minnas vad vi lärt oss blir då en skapande aktivitet som är beroende av hur meningsfull informationen upplevs. 4) 5). Vi upptäckte också att detta sätt att ställa frågor utvecklade vår förmåga att inse var vi befann oss i vårt lärande. Ett sådant metaperspektiv avslöjade om vi hade hamnat i en återvändsgränd på grund av de mönster vi tillägnat oss. 6). Vi fick därigenom tillfälle att reflektera och kunde då aktivt styra kompletterandet med fler fakta för att utveckla vår kunskap.

### Frågebaserat lärande och metaperspektivets möjligheter

Ur denna erfarenhet har jag tagit fram förhållningssättet frågebaserat lärande som bygger på frågestrategier och egen reflektion. Under min specialpedagogutbildning undersökte jag tankarna bakom kognitiv beteendeterapi. Där ingår bland annat utgångspunkten att försöka se sitt handlande i metaperspektiv med frågor som: Vad hände, vad gjorde jag, hur reagerade de andra och vad kunde jag gjort istället. På så sätt klarläggs händelseförloppet och resultatet av det egna handlandet. Allt arbete sker under samtal i grupp där deltagarna bidrar med sin reflektion över alternativa lösningar.

### Ett sätt att påverka synen på vad långsiktig kunskap står för är att anta förhållningssättet bildning.

En av bildningens hörnstenar är konsten att tänka "utanför boxen", att våga vara oense, men ändå fortsätta samtalet för att på sikt hitta gemensamma behov och möjligheter.

7) Svensson, 2017, 10) Greider 2007, 11) Steinfeldt 2016

30

Bildning blir då vägledande för att släppa fram nytänkande och allsidig utveckling. För mig är det ett sätt att ständigt vara i rörelse och förändring för att undvika att oreflekterat ta efter andras åsikter och förhållningssätt. Det är en pågående process där jag förbättrar min språkliga förmåga och fördjupar min kunskap genom att formulera frågor för att bearbeta och klargöra värdet av den information jag möter.

**Exempel:**

För min egen del och tillsammans med elever har jag utvecklat ett kreativt och lekfullt sätt att ställa fakta och företeelser mot varandra för att få dem att framträda tydligare. Det kan handla om att byta ledare för ett land eller verksamhet för att se hur undersåtarna skulle uppfatta situationen. Detta byte förutsätter att man vet hur landet eller verksamheten fungerar.

**Att möta eleverna där de befinner sig i sitt lärande**

Samtala med eleverna om deras uppfattning om värdet av aktuell info och vilka sammanhang de skapat. När läraren upptäcker hur de reflekterar är det lättare förstå vilka behov eleverna har för att kunna delta, var och en på sin nivå. Då kan vi tillsammans njuta av våra exempel och slappna av och samtidigt bli mer skärpta. Självklart skall läraren hålla hårt i denna språkliga lekstuga genom att ge förslag för att förtydliga och utveckla bidragen så att de skapar intressanta kopplingar som bekräftar elevernas språkliga alster. Under dessa stunder upptäcker vi vilka ord vi kan och lär oss nya i ett svindlande tempo! Vi är aktiva och blir bekräftade samtidigt som vi får tillgång till fler ord och kan tolka våra egna och andras beskrivningar av upplevelser och känslor. 12)

**Om pojkars studieresultat**

På senare år har pojkarnas resultat försämrats och det förklaras med att de hellre ägnar sig åt datorspel än åt skolarbete. Dagens skola premierar alltför ofta elever som passivt kan lyssna, föra anteckningar och samtala om vad de lärt sig.

12) Sou. 1997:108. 3) Gärdenfors 2010, 4) Marton 1999. 5) Antonovsky, 2001, 6) Gärdenfors, 2010.

Enligt min åsikt handlar det mer om att lägga in mer aktiverande samtal, problematiseringar och anpassade uppdrag som eleverna skall lösa tillsammans. Denna praktiska koppling till lektionens tema når lättare fram och förstärks genom praktik utanför skolan. 3) Både flickor och pojkar mår bättre av att bli bekräftade genom aktiverande inslag där teorin blir ett sätt att sammanfatta vad man kommit fram till.

## "Mobildagis"

För mig har det alltid varit självklart att eleverna skall stänga av mobilerna och lämna dem till ett "mobildagis" där de inte stör. Eller varför inte, göra som Engelska skolan i Göteborg, förbjuda telefoner under hela skoldagen så att eleverna använder rasterna till att umgås eller spela ett musikinstrument. Det senare har visat sig skärpa uppmärksamheten och lusten till undervisningen. Positiva exempel på detta finns i Silicon Valley och nu senast i Singapore. Det är glädjande att politikerna nu skrivande stund håller på med ett lagförslag för att förbjuda mobiler under lektioner. 14)

### Sätt ner foten och förbättra koncentrationen!

En annan åtgärd är att ha mobiltelefoner, datorer avstängda under genomgångar och istället ha anvisad telefon/datortid för att undvika slötittande som störs av popupfönstrens reklam och sociala mediers dragningskraft. Varje meddelande sänker uppmärksamheten och koncentrationsförmågan under ett stort (20) antal minuter. Tänk sedan tanken att datorn och mobiltelefonen oftast ger ifrån sig meddelande så tätt att förmågan att koncentrera sig aldrig kommer upp till full kapacitet under lektionen. Konsekvenserna blir då att eleverna blir stressade och känner sig otillräckliga därför att de belastar arbetsminnet för mycket.

### Lär eleverna att vara medvetna och aktiva

Eleverna behöver duktiga lärare som ledare och förebilder som skapar struktur samt ser till att eleverna får lära sig att läsa så att de förstår, kan skriva anteckningar snabbt, reflektera och samtala om sina kunskaper. Kort sagt arbeta med frågor och egen reflektion så att de aktiverar långtidsminnets resurser.13)

## Lärare som berättar

Både pojkar och flickor har behov av att få lyssna till spännande berättelser inom det kommande ämnesområdet, att få problematisera och få uppdrag att lösa tillsammans med andra. Till detta krävs att eleverna får möta en lärare som är strukturerad, omtänksam och disponerar lektionen så att eleverna hinner reflektera och göra egna anteckningar. Därtill får man sitta ner i slutet av lektionen och samtala med klasskamraterna i studiegrupper om vad man lärt sig. Då har vi tagit ett steg närmare en skola även för pojkar och flickor som har svårare att koncentrera sig och vara delaktiga.

## Hur kan bildning bli en mångsidig kunskapsresurs i långtidsminnet?

Bildning grundläggs genom läsning och reflektion över upplevelser som uppstår under läsning i pappersbok (bäst) eller dator (sämre) som lyfter fram exempel på hur människor tänker i olika situationer och varför de handlar som de gör. 18) Denna läsuppupplevelse bearbetas med frågor och reflektion för att få personlig mening. Samtal i studiegruppen bekräftar och fördjupar sedan värdet av de egna reflektionerna.

**Exempel:**

### Familjens uppdrag – ett rollspel

När eleverna under lektioner i historia och samhällskunskap samtalar om, sätter sig in i och dramatiserar händelseförlopp i historien händer något avgörande med insikt och förståelse av andra människors levnadsvillkor och hur de agerade.

Genom att skapa en familj med ungdomar i elevernas ålder som diskuterar hur historiska händelser kommer att drabba dem blir historiska fakta närvarande på ett konkret och naturligt sätt. Då förstår eleverna de drabbades verklighet på ett helt annat sätt och dessutom få en inblick i vad som hände och varför. Genom att ha studerat historiska förlopp och medborgarnas villkor under den perioden kan eleverna få förklaringar och förståelse till händelser i nutid. Detta är ett exempel på språkliga övningar som kan varieras på många sätt

. 13) Martin Ingvar 2018-02-02 SVD. 14) Jan Björklund SVD 2018 - 02 – 03.18

**Varför skall läraren ta denna omväg?**

Eleverna kommer att känna sig delaktiga i lektionens utformning genom att läsa, tolka och gestalta vad som händer den tilltänkta familjen. Samtidigt får läraren reda på var eleverna befinner sig genom att lyssna på hur de tolkar och uttrycker sig. Läraren har då tillfälle att stödja eleverna på ett mer insiktsfullt sätt. Man kan säga att detta aktiva förhållningsätt till bildning skapar en kritisk distans till samtiden och ger eleverna ett effektivt skydd mot manipulering och maktutövning i olika former.

**Kunskap uppstår under ett medvetet konstruktionsarbete**

Kunskap som uppstår genom ett konstruktionsarbete bygger på frågor och reflektion där eleverna lyssnar, antecknar för hand, samtalar och arbetar med datorer eller läser i böcker. Frågor ställs som klargör vem som har skrivit, med vilka medel, i vilket syfte, under vilka villkor, sanningshalt och svarar på den viktiga frågan varför denna är text relevant. Då kan de verkliga avsikterna avslöjas bakom ekonomiska, politiska handlingar, undervisningsmodeller och förhållningssätt.

**En reflekterad bildningsresurs ger kunskap att ifrågasätta information.**

I en värld där ekonomiska avvägande styr våra liv blir vi utsatta för sanningar som bygger på en världsbild som gynnar ett fåtal. Politiker och tjänstemän på Skolverket låter sig påverkas av marknadens krav på att ekonomiska styrmedel och metoder skall vara förebilder för hur skola och arbetsmarknad skall organiseras och utvecklas.

**Författarens kommentar:**

*"Lite tillspetsat kan man säga att man vill ha välanpassade medarbetare med nedsatt förmåga att ifrågasätta och förändra. I den bilden finns också en vilja att begränsa medbestämmande och fackligt inflytande som kan hindra marknadens fria flöde av varor och tjänster i ett globalt perspektiv. Man vill ha en skola som uppmuntrar till snabbt levererade minneskunskaper som har kort giltighet."*

18) Tim Oats SVD 2017-03-0215).

34

## Konsekvenser av valfrihet

Valfrihet anses utveckla lärandet men det förutsätter att det finns en konkurrens mellan skolor och dess personal inbördes, som i sin tur leder till prestationslöner. Karriärtjänster inrättas för att höja standarden på undervisningen, utan att dessa resurspersoner har någon uppdrags-beskrivning att följa. Detta är ett sätt att härska genom att splittra lärarkåren.

## Nya förslag skall synas och ges den plats de förtjänar

Höjningen av kraven i de senaste årens kursplaner har inte lett till någon kunskapsutveckling, snarare frustration bland lärare, elever och föräldrar! Med tanke på hur undervisningen förväntas genomföras från Skolverkets sida enl. ovan är det dömt att misslyckas. Jag har mött kollegor som inte tror på vad de tvingas genomföra utan att det finns förutsättningar för det. Resultatet blir negativt när tiden för dokumentation, nationella prov (Finland har inga) och hur många fall av genomförande av formativ bedömning påverkar lärares viktiga tid med eleverna. I det senare fallet är det vanligt att eleverna tar genvägar och bara läser in minneskunskaper för att klara proven.

## Förhållningssättet bildning kräver aktivitet

En skola som satsar på att få en bildningsresurs uppmuntrar sina medarbetare och elever till att reflektera för att avslöja motiven bakom nya förslag. Detta är ett hot mot makthavare genom att dessa lärare och elever har den bildades förmåga att inta en kritisk distans till undervisningen och kräva sin rättmätiga plats i systemet.

## Palatsuppror enligt Luthers modell

Låt oss genomföra ett palatsuppror i den meningen att vi ger eleverna den kunskap som Skolverket vill ha! Men vi hävdar i alla sammanhang att vägen dit går genom frågestrategier, reflektion, samtal och samarbete med de hjärnforskare, psykologer, kognitionsvetare, filosofer och pedagoger som har kunskap om hur en sådan undervisning skall se ut. Det finns mycket som kan förändras med egen reflektion och medvetna aktiva val.

**Det vardagliga samtalet i lärarrum och klassrum betyder mycket för att förankra den pedagogiska forskningen!**

Det levande samtalet i personalrum och klassrum blir då en garant för en fortsatt vetenskaplig förankring av alla förslag. På avgörande punkter kan vi då ändra förutsättningarna inom systemet och samtidigt föra en debatt för att redovisa våra tankar och projekt på de forum som vi känner oss trygga med. På senare tid har invändningarna mot den rådande diskursen i ökat bland professorer och forskare det inger hopp inför framtidens utmaningar.

**Bildning som en kunskapsresurs**

Alternativet är då att ge eleverna en undervisning där bildning är en beskrivning av en kunskapsresurs i långtidsminnet som bygger på frågestrategier, självständig reflektion och samtal om värdet av ny information i studiegrupper som avslutar lektionerna. När eleverna självständigt konstruerar egna meningsfulla sammanhang bildar denna information en kunskapsresurs i långtidsminnet kan användas i många situationer. Denna förmåga ger oss verktyg att ifrågasätta den långsiktiga nyttan med resultatfixerad undervisning. Det förändrar inte samhället på kort tid men det ger oss möjligheten att förstå sammanhangen och medvetet kräva en plats för oss själva och våra närstående.

**Forskning och beprövad erfarenhet**

Låt oss därför återta initiativet i skolutvecklingen! Släpp fram forskning och beprövad erfarenhet. Låt dessa kompetenser följa undervisningen för att stötta pedagoger och skolpersonal. I vårt grannland Finland bygger all verksamhet på evidens och närvarande forskare på alla nivåer i skolsystemet. Därtill följer specialpedagoger upp eleverna i klassrummet från år ett!

Oats 2017. 19) Lagerkrantz 2011

**Hur lär man sig förhållningssättet bildning?**

Det räcker inte med att vara människa vi måste arbeta för att bli den vi önskar och det förutsätter ett medvetet arbete med att påverka ditt lärande. Bildning är då ett alternativt förhållningssätt som utgår ifrån att vi gör medvetna urval av information från litteratur och olika medier. Datorer kan då vara ett informativt hjälpmedel om de utnyttjas på ett insiktsfullt, källkritiskt och personligt sätt. Ur detta perspektiv utgår jag ifrån att datorer inte kan tänka, ställa frågor och reflektera utifrån ett personligt tema.

**Läs böcker i pappersformat**

Vinsten med att läsa en bok i papper är att man läser långsammare och med större eftertänksamhet och repetition vilket stimulerar läsaren till att bli medskapande. Behållningen av en bok bygger på att läsaren tolkar innehållet genom att kreativt skapa egna bilder, utveckla sitt tänkande och visioner av bokens innehåll, detta kräver ostörd tid.

Kända författare säger ofta att de bara skrivit halva boken. Läsaren skapar en egen mening av innehållet genom att själv vara aktiv och gestalta texten i egna bilder sprungna ur egen erfarenhet. Detta sker under en kreativ reflektion där känslor, sinnen och egna erfarenheter involveras. På detta sätt kommer kunskapen att lagras på fler ställen i hjärnan. Minnen som lagras på detta sätt leder till bättre förankrade kunskaper.

En sådan läsning skall få ta tid därför att den skärper koncentrationen och ger tid till att skapa egna berättelser. Hjärnan lagrar kunskap i form av berättelser som involverar hjärnans hela varseblivning, se ovan! Behållningen av läsning av text på en datorskärm har undersökts och det visade sig att eleverna lär sig mindre.18) En förklaring kan vara att snabbheten i läsningen försämrar den egna kreativa processen. Arbetet resulterar då i att läsaren istället försöker minnas innehållet i texten utan att reflektera över innehållet, risken är då stor att resultatet placeras som ett kortsiktigt minne i arbetsminnet.18)

# Samtalet

**Sarah** Jag har alltid tyckt att bildning är något som är svårt beskriva men efter att ha läst din tolkning JanErik, är det lättare att ta till sig att bildning kan vara en resurs och en möjlighet att påverka de förutsättningar som gäller för mig. Det är ju mer aktuellt än någonsin.

**Peter** Samma här, att skapa sig en medveten bildningsresurs måste ju vara viktigt för alla i dagens informationsflöde så att man inte låter sig påverkas av dåligt förankrade tankar och kampanjer.

**JanErik** Det är viktigt att samtala om vilken typ av kunskap vi vill att eleverna skall ha. Jag talar om en kunskap som utgår från elevens erfarenhet och aktiva sökande med frågor och bearbetning för att uppnå ett eget meningsfullt sammanhang. Då handlar det om att din kunskap är så utvecklad att den kan vara ett flexibelt verktyg för att tolka den information du ställs inför. En medvetet skapad personlig kunskap som jag kallar en bildningsresurs.

**Sarah** Jag gillar tanken att bearbeta allt man möter med frågor som jag själv formulerat och bygga upp egna meningsfulla sammanhang på en metanivå. Det kommer att krävas mycket jobb i början, men de kunskaperna är genomtänkta. Det skall ju inte handla om att bara minnas fakta som någon annan skapat, utan jag skall också sammanställa dem själv. Fast då behöver jag utmana dem och det är ju själva tanken med att skaffa sig ett metaperspektiv.

**JanErik** Hela tanken med ett sådant förhållningsätt är att eleverna skall förstå att de har ansvar för sin version av kunskapen, genom att de aktivt styr utformningen av det egna meningsfulla sammanhanget.

**Peter** Vi måste också träna eleverna på att göra fler aktiva val och för att uppnå sina mål. Kanske vara mer självständiga och planera bättre.

**Sarah** Jag passade på att tjuvtitta på frågebaserat lärande med hälsoprofil, det tror jag skall vara med i den planeringen. I min klass finns det några elever med stor övervikt som behöver veta mer om hälsa.

**Peter** JanErik du talar mycket om hur viktigt det är att samtala med klasskamrater i studiegrupper, det gäller oss också. Man tänker bättre och ser klarare detta viktiga metaperspektiv när man får berätta själv och får höra vad andra kommit fram till.

**Sarah** Under samtal får man på något sätt ett gemensamt uppdrag att hjälpa varandra med att lyssna och ställa motfrågor så att var och en tvingas att beskriva vad den nya kunskapen kan ge med tanke på egna erfarenheter och vilka sammanhang de skapat.

**JanErik** Den egna aktiviteten, redovisningen och samtalen ger en otrolig styrka och gemenskap som ökar lärarnas och elevernas trygghet och tro på sig själva.

**Peter** Med dessa verktyg är det lättare att förstå vad som ligger bakom det vi möter i media.

# Kapitel 3

# Yttre och inre motivation

- Hur påverkar miljön i hemmet och i skolan din förmåga att lära?

- Varför ger reflektion över yttre och inre motivationsfaktorer ett medvetet och bättre lärande?

- Varför utvecklas den inre motivationen när du är aktiv, ställer frågor och reflekterar över viktiga fakta?

- Varför upptäcker du vad kan när du placerar din kunskap i ett metaperspektiv?

## Mångsidig och användbar kunskap

Bra prestationer beskrivs ofta som ett resultat av inspiration och fakta från yttre källor (media) som memorerats i arbetsminnet. Ett sådant förhållningssätt leder ofta till ett kortsiktigt lärande. Låt oss istället ge eleverna en undervisning vars mål är att elever och lärare tillsammans bygger upp kunskaper i meningsfulla sammanhang. Det handlar då om kunskaper som eleven fått genom sökning och bearbetning av aktuell information med genom frågestrategier och reflektion. Målet är att eleven sammanfattar och prövar kunskapens värde tillsammans med andra för att konstruera ett eget meningsfullt sammanhang. Denna typ av kunskap är mer användbar i fler sammanhang därför att den lagrats i det nästan obegränsade långtidsminnet. 36), 26)

## Det gemensamma ansvaret

Min tanke är att beskriva lärarens och elevens gemensamma ansvar för att bygga upp och utveckla elevens inre motivation genom frågestrategier och reflektion. Ett led i detta arbete kan vara att eleverna får lära sig att arbeta med frågebaserad studieteknik med hälsotema där källkritik ingår som en naturlig del. Med detta förhållningssätt kan vinklad företagsinformation lättare sorteras bort.

36) John Dewey/Anna Forsell, s.98, 26) Aron Antonovsky, s. 39-41.

Vetskapen om att hjärnan hela tiden tar in ny information och anpassar det man redan vet, gör att bra källkritik behövs för att lära in kunskap på relevanta grunder. 37), 39).

## Lärande är ett växelspel mellan yttre och inre motivation

Under mitt arbete med att beskriva hur yttre och inre motivation påverkar självbilden, har jag kommit fram till att lärande bygger på ett växelspel mellan positiv yttre motivation och ett aktivt arbete med den egna inre motivationen som drivkraft. 38). I skolan och senare i arbetslivet är det därför viktigt att reflektera över hur din bakgrund och nuvarande miljö påverkar dig. Då förstår eleverna lättare sina reaktioner under samtal och i samarbete med andra. En sådan kunskap berikar självbilden och bidrar till att de kan vara trygga med sig själva och hur de tänker. Med det som utgångspunkt är det lättare att förstå andras tankar och handlingar.

### Terminsstarten är avgörande för självbilden

Här har terminsstarten stor betydelse. Vi kan säga att det handlar om att Eleverna behöver repetera rutiner och det avslutande momentet på förra kursen för att känna sig trygga och varma i kläderna innan de får börja på nya kunskapsområden. Den första läxan skall handla om att översiktsläsa föregående kursavsnitt. Eleverna skall inskolas till den kommande terminens ökade krav.

### Läraren lär känna eleverna

Under inskolningen i början av varje termin avsätter läraren tid för att lyssna in var eleverna befinner sig i sin förmåga och sedan anpassar undervisningen till denna vetskap. Elevernas tankar och reaktioner får då sin förklaring och kan bemötas på ett mer insiktsfullt sätt. När eleven känner att läraren bryr sig kan det vara början till en medveten självreflektion så att den så viktiga processen att "skapa sig själv" 40) med förhållningssättet "Gritt" kan inledas. I det fortsatta arbetet betyder samtal med viktiga vuxna och klasskamrater mycket.

37) Björn Liljeqvist, s.24.  38) Peter Gärdenfors, s.78-80, 39) Torkel Klingberg, s. 95

## Exempel

Måns är en elev som haft en komplicerad uppväxt som lämnat många frågor obesvarade. I grundskolan sökte han svar men kände att hans lärare inte gav sig tid lyssna på honom. När han kom till mig första gången öppnade han dörren med ett stort brak, samtidigt som han säger: "De säger att jag är en värsting! "Vad är en värsting, kom in och berätta!" svarar jag och vi sätter oss ner. Han berättar då om sin familj, släkt och upplevelser som präglat hans arbete (eller brist på) i skolan. Efter detta möte fick Måns hjälp att lära känna sig själv och att "skapa sig själv" med nya positiva medel. I varje samtal fanns inslag där han fick tala om det som var viktigt för honom: sin relation till vad som är viktig kunskap och det stora intresset katter. Han fick tid att tolka sina och andras reaktioner och tankar, för att skapa sitt nya positiva jag.

## Kommentar:

Elever har behov av att bli sedda och bekräftade och detta exempel visar så tydligt vilka krafter det handlar om. En lärare/mentor kan inte ägna så mycket tid till varje elev men att bli "sedd" är avgörande för självinsikten, bara ett kort inkännande samtal har stor inverkan självbilden. Vi som arbetar i skolan skall ta vara på de små ögonblicken av uppmärksamhet som vi kan ge eleverna. Detta gäller naturligtvis alla viktiga vuxna runt eleven även på fritiden.

### Dina tankar och idéer är viktiga

Om nu våra liv formas av vår uppväxtmiljö och det bemötande som viktiga vuxna och lärare har gett oss, hur ser då denna process ut? Vilket stöd har eleverna fått från förebilder i sin omgivning? Hur har de tagit till sig det för tillfället gångbara förhållningssättet? Att knyta an till familjen och skolan innebär så mycket och det gäller då att personer i dessa miljöer tar sitt ansvar genom att se eleverna och bekräfta deras behov.

40) George Bernard Shaw,

## Att delta i ett meningsfullt sammanhang

Bara vetskapen att dina tankar, idéer och omsorger betyder något för andra är grunden för en positiv självbild. Du får då en känsla av att delta i ett meningsfullt sammanhang. Med de förutsättningarna är det lättare att göra egna aktiva val för att ta ansvar för sitt eget och bidra till andras lärande. Inlärningen sker då på hjärnans villkor. Jag återkommer till detta senare i boken.

## Yttre och inre motivation samverkar

Yttre och inre motivation går hand i hand och är svåra att skilja åt, men det är viktigt att känna till deras respektive särart. När du blir medveten om vad som påverkar dig positivt genom yttre och inre motivation kan du också hantera den negativa motivationen och utveckla ditt lärande.

## Yttre motivation

- Hur påverkar yttre motivation mitt sätt att lära?

- Hur kan yttre motivation vara en tillgång?

Yttre motivation kan vara positiv, trygg och aktiverande eller negativt begränsade där eleverna passivt skall ge respons på och minnas given kunskap utan egen reflektion.

### Positiv yttre motivation

Positiv yttre motivation handlar om att eleverna får tillfälle att knyta an till hemmets, skolans och samhällets kultur på ett tryggt och bekräftade sätt. Det kan innebära att viktiga personer omkring eleven är närvarande, tränar in bra förhållningssätt, ställer anpassade krav och har positiva förväntningar på dem samt bekräftar elevens arbete i en god utvecklande miljö.

### Betydelsen av trygga vuxna

Vuxennärvaro innebär alltid en miljöprägling som anger om den viktiga språkträningen kan ske på ett tryggt och naturligt sätt. Tidigt på barnavårdscentraler och under skoltiden borde det vara självklart att föräldrarna med jämna intervall skall få råd och få möjlighet att gå kurser (återkommer till det längre fram) om betydelsen av språkträning och hur föräldrar kan bidra till trygg läxläsningstid i hemmet.

## Vikten av omgivningens stöd

Elevernas framgång i skolan påverkas av omgivningens stöd och elevens personliga egenskaper och drivkrafter. Känner eleverna till sina och omgivningens styrkor och brister blir det lättare att tolka och reflektera över värdet av en föreläsning eller när du läser en bok. Har du en funktionsvariation är det särskilt viktigt att du får hjälp att lära känna din väg till utveckling med ett positivt inriktat stöd, för att få möjlighet till större frihet och oberoende.

## Den trygga och bekräftande studiemiljön

I skolan är den kompetente och närvarande läraren en garant för att en trygg och förutsägbar studiemiljö skapas tillsammans med eleverna i olika samarbetsformer. En sådan miljö tränar läraren eleverna i frågebaserad studieteknik med hälsotänkande och "Grit" (att aldrig ge upp) samt lär dem hantera datorer och mobiltelefoner på ett ansvarsfullt sätt. Genom att ge dessa medier en given begränsad roll vid informationssökning och inspiration kan de negativa effekterna undvikas.

Det kan handla om att ge förförståelse, förstärkning av olika ämnesområden med film eller programinslag, träning av delmoment, redovisning och som social samspelsarena.

## Tvärvetenskaplig inriktning

I skolor som infört tvärvetenskaplig inriktning ex samhäll/tvär eller Natur/ tvär finns det stora möjligheter att utveckla en positiv yttre motivation tillsammans med andra.

## Viktiga vuxna utanför skolan

Samtidigt är bibliotekarier viktiga vägvisare mot en fördjupning inom olika ämnesområden. Föreningsledare kan lära dig att samarbeta med andra och att vara fysiskt aktiv. Föräldrar som bidrar med att stötta studierutiner och genomför ett hälsotänkande när det gäller balansen mellan skola, mat, läxor,

45

fritid och vila. Till sist kan stat och kommun bidra med att ge ut i tryck acceptabla uppförandekoder för att underlätta ungdomars arbete i Skolsystemet. Vidare kan stat och kommuner producera bostäder och bidra till att arbetstillfällen och praktik för ungdomar skapas. Listan kan göras lång men sammantaget bidrar dessa faktorer till att säkerställa att ungdomarna upplever en tydlig och trygg yttre motivation.

## Inre motivation

- Varför är det viktigt att jag själv styr mitt lärande efter mina förutsättningar?

- Varför utvecklar samtal och samarbete mitt lärande?

- Varför är metaperspektivet så viktigt för att förstå värdet av ett eget meningsfullt lärande?

### Inre motivation bygger på självkännedom och aktiva val

Den inre motivationen växer när eleverna kan beskriva vad de kan, vad de vill lära sig och hur.

De behöver också känna sig berörda och få sin kunskap bekräftad av viktiga vuxna och jämnåriga. Denna upplevelse bygger på att eleverna fått träna på att göra egna aktiva val och lärt sig att ställa utvecklande frågor och att reflektera. Under samtal med andra kan de sedan självständigt skapa meningsfulla sammanhang i långtidsminnet.

### Läraren som en modell för positivt bemötande

Läraren är alltid viktig som modell för hur eleverna skall förhålla sig till undervisningen och samarbetet med klasskamraterna. Positiva relationer mellan lärare och elever lägger då grunden till ett tryggt samarbete. Lärarens ledarskap är mycket viktigt för att skapa arbetsglädje och trygga rutiner i klassrummet. 45). Genom att tidigt lära känna elevernas resurser under bekräftade samtal ges en möjlighet till att förstå var eleverna befinner sig i sitt lärande och hur de ser på sin egen insats.

**Elever lär sig mer om de är aktiva**

Alla elever är beroende av att vara aktiva på en jämn nivå under hela lektionen och därför är viktigt har läraren uppmärksammar när aktiviteten går ner hos eleverna. Att uppleva att man fastnat skapar lätt en känsla av osäkerhet som i sin tur påverkar självförtroendet. Läraren ger också inlärningsstöd med jämna mellanrum genom att träna eleverna i frågebaserad studieteknik och att vara aktiva. Samarbetet i studiegruppen kräver också träningstillfällen för att fungera, samt att lyfta fram hur viktiga läxor är för repetition och förförståelse inför nästa lektion. Läraren och eleverna skall dela ansvaret för detta arbete.

**Frågor utvecklar inre motivation**

Inre motivation tar sin utgångspunkt i elevens intressen, reflektion och kunskap samt effekten av den bekräftelse omgivningen gett i arbetet med att bygga upp egna meningsfulla sammanhang.

Men det handlar också om göra egna aktiva val för att se och pröva var man befinner sig i sitt lärande. Ställer läraren frågor för att beskriva ett ämnesområde aktiveras elevernas inlevelseförmåga. Det blir då naturligt att de själva orienterar sig genom att själva formulera frågor som klargör vad de själva kan och vad de behöver lära sig. I denna process ökar förmågan att koncentrera sig, samtidigt som ett nyfiket och kreativt förhållningssätt utvecklas.

**Studiegruppen lyfter fram värdet av elevens reflektion och egna anteckningar**

Det sker också genom att eleverna får sin kunskap bekräftad tillsammans med andra i en studiegrupp. Eleverna träffas i smågrupper (4-6 elever) i slutet av varje lektion för att beskriva och samtala om vad de lärt sig under lektionen. Under dessa samtal kan de uppfatta värdet av sina anteckningar och ta till sig vad andra lärt sig. Då upptäcker de fördelar och brister i sitt lärande och kan förbättra sina frågestrategier.

45) Martin Ingvar s.12-13.

47

**Betydelsen av lärarens berättelser, problematiseringar och uppdrag.**

När läraren i sin undervisning lägger in korta berättelser, problematiseringar och uppdrag tillsammans jämnåriga, är det viktigt att eleverna samtidigt aktiverar sig genom att ställa frågor till sig själva och kamraterna. Frågor öppnar för reflektion och skapar viktiga kreativa kopplingar. När eleverna aktivt och medvetet väljer hur de skall arbeta, händer något viktigt. De tar då ansvar och sätter sig själva i centrum för sitt lärande. Detta arbetssätt aktiverar det i stort sett obegränsade långtidsminnet som lagrar information långsiktigt. 46).

**Hur gör vi med pojkarna?**

"Det är så svårt att få pojkar att koncentrera sig och slutföra uppgifterna!" Ett sådant påstående följs ofta av kommentaren att undervisningen i första hand gynnar flickor. Vad jag kan se, handlar det mer om individuella förutsättningar hos både pojkar och flickor.

Denna grupp av elever har lättare för att koncentrera sig om de inledningsvis får en kort muntlig introduktion av ämnesområdet i form av en berättelse. Därefter ger läraren eleverna en problematisering av det viktiga i kunskapsinnehållet som prövas i ett uppdrag i smågrupper och redovisas i ett klassamtal. Efter denna uppvärmning har nu eleverna lockats in i ett kreativt tillstånd som får dem att delta på ett mer naturligt sätt genom reflektion och samtal om vad som skall läras in.

**Den personliga berättelsen skapar närvaro och koncentration**

När läraren berättar ur egen erfarenhet blir undervisningen mer personlig, verkligheten utanför skolan kommer närmare. Finns inte den erfarenheten skapar den sanne pedagogen en passande kort berättelse/erfarenhet som leder in eleverna till kunskapsområdet. En sådan öppning uppmuntrar eleverna till att ställa frågor och reflektera över olika alternativa lösningar de kan uppfatta. Med denna start på lektionen aktiveras långtidsminnets nästan obegränsade resurser 47).

46) Torkel Klingberg s.40.2015.

Problematiseringar och samtal för det goda med sig att lärandet förläggs till eleven som då lättare kan ta ansvar för sitt lärande. Lektionen fortsätter sedan med att läraren gör pauser under genomgången, så att eleverna kan anteckna och följer upp med täta sammanfattningar och att låta eleverna samtala om vad de lärt sig i studiegrupper.

**Exempel:**

Det är lektion i ellära på elteknikprogrammet hos läraren Joakim Simonsson. Läraren berättar att ämnet för dagens lektion är installation av maskiner i fuktiga miljöer och inleder med en berättelse om en egen erfarenhet:

**Berättelse:**

*"Vid ett tillfälle fick jag uppdraget att åka till en villa på Bergsvägen och för att installera en tvättmaskin i ett fuktigt utrymme i källaren. När jag kommer dit upptäcker jag att elskåpet och anslutningskablarna är i ett dåligt skick och att det står vatten på golvet.*

**Problematisering:**

*Kan jag montera tvättmaskinen i detta läge?*

**Uppdrag:**

*Ni får nu i uppdrag att samtala två och två om vad som måste åtgärdas för att kunna genomföra installationen".*

Det märks tydligt att eleverna antar utmaningen och börjar reflektera över olika lösningar i grupperna. Läraren har utgått från gruppens kunskapsnivå och ger dem nu tillfälle att använda sin kreativitet.

**Klassamtal:**

Eleverna redovisar under lärarens ledning och ställer frågor till varandra.

47) Peter Gärdenfors, s.204

## Nu börjar lektionen och eleverna är aktiva på sin nivå

Efter denna inledning har läraren fångat klassens koncentration och är noga med att bibehålla deras aktivitet och koncentration genom ta korta pauser vid viktiga moment (Mindbreathing) 48) och längre efter var 10:e minut med en sammanfattning så att eleverna hinner ställa frågor och anteckna. I slutet av lektionen sammanfattar läraren och låter eleverna samtala om sina anteckningar i studiegrupper. 49).

**Kommentar:**

Genom att förlägga lektionens kunskapsinnehåll till en verklig situation som bygger på elevernas kunskaper fångar läraren upp elevernas tankar och bjuder in eleverna till reflektion och aktivt deltagande. Aktiviteten hos eleverna hålls sedan uppe genom pauser och spontana kreativa kommentarer, samtal och längre pauser med sammanfattningar. Detta exempel kan naturligtvis anpassas till olika ämnen och årskurser.

**Motsvarar teorin elevernas vardag?**

Teori är en gestaltning av en praktisk verklighet efter skolans och förhoppningsvis de vetenskapliga förutsättningarna. När läraren överför teori till praktiska moment känns de lättare igen i ett metaperspektiv som kan prövas i fler sammanhang. Undervisningen ger bäst resultat när elever och lärare pendlar mellan den gestaltade verkligheten (teorin) och praktiken på ett lekfullt och kreativt sätt. Vägen dit underlättas av ett tydligt förhållningssätt baserat på frågestrategier som leder till ett avslöjande metaperspektiv. Med väl förankrade berättelser, problematiseringar och uppdrag underlättas därför steget mellan teori och praktik på ett roligt och klargörande vis.

---

48) SVT vetenskapsprogram "Samtal med nobellpristagare". 49) Herman Ebbinghouse 1885.

**Exempel 2:**

Ett rollspel eller varför inte som ett klassamtal!

Många gånger är det svårt att gestalta innebörd och konsekvenser av en historisk händelse. Då är det bra att klassen tillsammans skapar en tänkt tidsenlig familj med barn i samma ålder som eleverna. De får i uppdrag att exempelvis beskriva hur det var att leva i Sverige under andra världskriget för en vanlig familj. Vad hände och hur blev villkoren för dem. Klassen delas i grupper som läser och intervjuar för att skapa var sin version av den dialog som utspelar sig runt matbordet när familjen planerar sin dag. Grupperna spelar sedan upp sitt senario för varandra och samtalar om vad man kommit framtill.

**Kommentar:**

Det är alltid svårt att ta till sig en beskrivning av en historisk händelse. Får eleverna konstruera ett senario utifrån de fakta de har tillgång till i skolan eller intervjua familj och eller andra med kunskaper i ämnet. Iscensätt sedan dessa erfarenheter i en dialog. Denna träning ökar sedan förståelsen och ger en lyhördhet inför andra historiska händelser eller begrepp i samhällskunskap och andra ämnen. Man kan säga att eleverna tar ett eget ansvar för sitt lärande genom att aktivt definiera sammanhanget och reflektera över hur andra människor skulle ha tolkat sin situation. Vilka känslor och upplevda situationer handlar det om, vad är åldersadekvat för den tiden och hur visar man det.

**Läxor utjämnar skillnader**

Politiker hävdar ofta att elever inte skall ha läxor därför att vissa elever inte kan få hjälp av sina föräldrar eller andra viktiga vuxna på fritiden. Det finns ett grundläggande fel i detta tänkande. All kunskap måste repeteras och bearbetas mellan lektionstillfällena genom egen reflektion för att stanna kvar. Därför är det extra viktigt att eleverna får tillfälle att återkomma till och repetera vad de lärt sig under lektionerna.

**Pappersboken är lättare att anknyta till för fler**

50). En bok pappersbok (inte lösa papper) är lätt att återknyta till och hålla ordning på. Alla elever har inte en lugn hemmiljö från början och här skall föräldrar få stöd i att ge eleverna en lugn bekräftande studiemiljö i hemmet. Här kan Skolverket ta fram kursmaterial som tar upp i hur föräldrar och viktiga vuxna kan arbeta för att stödja eleverna.

**Läxhjälp i anslutning till skoldagen**

Skolan skall också se till att lektionerna innehåller repetitionsmoment exempelvis genom att lektionerna avslutas med studiegrupper där eleverna får stämma av och repetera vad de lärt sig under lektionen.

Uppdrag i kurserna kan också fungera som repetition där redovisningar i form av texter, föredrag, grupparbeten filmer och dramatiseringar blir naturliga repetitionstillfällen. Till detta är det mycket viktigt att det finns anpassade lokaler för läxhjälp med utbildade pedagoger i anslutning till skoldagens slut. Här kan biblioteken vara en resurs i anslutning till läxhjälpen. 51)

**Läxor och Flipped Classroom utjämnar skillnader**

Slutligen kan läxor ha en utjämnande effekt om eleverna ger sig själva ett bättre utgångsläge inför nästa lektion genom att översiktsläsa den kommande lektionens textavsnitt i kursboken och ställa frågor för att orientera sig om kunskapsinnehållet. Flipped Classroom är ytterligare en möjlighet att ge eleverna repetitionstillfällen och en förförståelse inför nästa lektion med filmer från Youtube, sammanfattningar, extra fördjupningar för de elever som behöver det. Klassens sida på Facebook kan påminna om läxor och kommande händelser och vara ett socialt stöd.

50). Harris Hooper SVD, 2016-10-12

## Hälsoinspirerad och frågebaserad studieteknik skapar struktur

Skola och föräldrar har ett gemensamt ansvar för att eleverna skall kunna genomföra en hälsoinspirerad studieteknik. Det gäller då att skolan och föräldrarna ställer krav på sig själva, inte på varandra och satsar på ett samarbete som bygger på vetenskaplig grund och bekräftad erfarenhet. Tillsammans måste vi hävda undervisningens särart och hålla rätt distans till yttre aktörer utan pedagogisk kunskap.

### Fördelat ansvar

Skolan har kunskap om undervisning, föräldrar har kunskap om eleverna och tillsammans tar vi det ansvar som det krävs om Skolverket gör sig fri från politikernas ideologiska tänkande och snabba destruktiva näringslivs-lösningar.

Framtiden ligger i de förutsättningar som skapar ett tryggt lärande genom en undervisning som bygger på vetenskapligt belagd kunskap om hur hjärnan lär och utgår från vad bekräftad erfarenhet sammantaget får för konsekvenser undervisningen.

### Förhållningssättet Grit

Handlar om att få uppleva kraften och tron på den egna förmågan genom medvetna mål och träning. Den inre motivationen stärks och utvecklas genom att ta till sig förhållningsättet Grit. 20).

### Exempel:

Klassen har då lektioner där man tränar på att inte ge upp därför att eleven själv formulerat lagom utmanande mål. Det kan handla om att skriva en text om något som betyder mycket för eleven personligen. Sedan skall eleven läsa upp texten för en klasskamrat som då bidrar med råd hur texten skall utvecklas. Detta upprepas under ömsesidigt uppmuntrande tillrop tills skribent och läsare har utvecklat texten utan att ge upp (ca 5ggr). Träningen kan varieras på många sätt genom att anknyta till det klassen håller på med.

50). Harris Hooper SVD, 2016-10-12. 51) SVD/om läxhjälpen 2016-10-12

Det är viktigt att lära känna kraften i stödet från omgivningen och den egna beslutsamheten.

En kraft man inte trott sig ha och som kan påverka så mycket. Att få uppleva den glädje som infinner sig när man hamnar i en känsla av Flow, att ha kontroll på egna villkor med det flyt som gör att eleven kan slutföra sina arbeten. 52). Här kan Formativ Bedömning aktivt bidra till att göra dig medveten om din egen lärprofil. 53).

**Kommentar:** Grit utmanar din hjärnas förmåga till uthållighet och vilja genom att aktivera och förlägga mer arbete till det nästan obegränsade långtidsminnet. 46).

**Läsning och skrivning**

Har man brister i sin läsförståelse eller i förmågan att uppfatta sammanhang är det extra viktigt att ta hem läxor för att träna extra och förbereda sig så att man ligger före i sin förförståelse av nästa lektion. En lösning kan vara inlästa läromedel eller att en förälder/vuxen läser texten. I mitt arbete har jag mött elever med diagnosen dyslexi som utnyttjat mobiltelefon, dator, inlästa läromedel, ljudböcker, skanner och läspennor till fullo. Det är bra att de finns för att stärka självbilden och känslan av att delta på mer lika villkor.

**Det händer något när den inre motivationen styr uppmärksamheten**

Men när eleverna själva bestämde sig för att utgå från sina egna förmågor inleddes en utveckling.  När de sedan tog till sig förhållningssättet Grit tränade de med en helt annan intensitet både läsning och skrivning utan hjälpmedel. Då hände något! De tog eget ansvar, en sorts "jävlar anamma" (Klingberg). Detta resulterade i att texter skrevs och utvecklades genom att ta hjälp av lärare, klasskamrater och föräldrar, som fick läsa och samtala om vad de skrivit. Framför allt gav dessa strategier en stärkt självkänsla som ledde till egna kreativa lösningar på samarbete i olika former för att uppväga svårigheten.

20) Angela Dockworh, s.11-12 , 52) Torkel Klingberg,s.155. 53) Peter Gärdenfors. S. 220 . 46) Torkel Klingberg.

## Samarbete under kreativa former med humor och lekfullhet

En annan framgångsrik form är att två klasskamrater samarbetar. De har fått samma information och kan därför lättare samtala för att hitta kreativa och lekfulla ingångar till uppgifterna. Detta arbetssätt ger distans, ett metaperspektiv till uppgifternas innebörd som avdramatiserar och lockar fram egen reflektion och erfarenhet. Det är alltför vanligt att elever är så överväldigade av all information de möter på nätet att de ofta förbiser den egna kunskapens möjligheter. Här kan läraren vara en viktig förebild genom att bearbeta kommande uppgifter med lekfulla jämförelser och berättelser som avdramatiserar i inledningen av uppdrag.

### Exempel

Vid ett tillfälle arbetade jag med en elev med stora koncentrations-svårigheter. Han hade svårt för att komma igång med sina arbeten. Det var först när vi lekte, fabulerade kring uppgiften som de upplevda hindren försvann. "Tänk om det var tvärs om, vad skulle hänt då?

Eller att ta med en tidningsartikel eller inlägg på sociala medier och byta ut huvudpersonen och ändra åsikt. Det lekfulla tänkandet avdramatiserade uppdraget att skriva och uppmuntrade till ett kreativt tänkande som öppnade för olika sätt att lösa uppgiften. En dag frågar Måns om Tobias en klasskamrat får följa med för han har lika svårt som jag att komma igång med sina arbeten. Tillsammans blev dessa elever ett "radarpar" som också hjälpte varandra med att hålla reda på uppgifter, läsa och kommentera varandras texter. De utvecklade en drastisk humor och tävlade med varandra om roligaste kommentaren till bilder och händelser.

### Skruvad humor och kluriga formuleringar

Vid ett tillfälle har Måns med sig en bild på en tavla föreställande en stadsmijö i centraleuropa och frågar oss vem som målat tavlan. Vi kunde naturligtvis inte svara. Det är Adolf Hitler! Den ingick i hans ansökan till Wiens konstakademi, de antog honom inte som elev, därför är det deras fel att andra världskriget startade! Den kreativa kopplingen är härlig även om det inte stämmer.

Då svarar kamraten med att nästa gång ha med sig en alliteration: *"Tores tvärgoa thairätt traumatiserade Torkels tro Tauism!"*. Vid ett annat tillfälle hade samme elev skapat tecknad serie med ett fantasidjur som kommenterar en jobbig uppgift på ett roligt och lekfullt sätt. 53) Ett stort antal betygsvarningar (9 - 11) förvandlades senare till godkända betyg och studentexamen!

## Lekfullhet och humor avväpnar svårigheter

Lekfullhet och humor avväpnar och får eleverna att slappna av när de tar sig an och bearbetar nya uppgifter.

Under den lekfulla ytan uppstår en vilja att bearbeta och locka fram alternativa ingångar till hur de skall börja sitt arbete med texter eller uppdrag.

**Vad hände egentligen? Arbetet med kreativa inslag, minskade frustrationen och stärkte självbilden!**

Kravet att skriva en text för att redovisa ett arbetsområde har karaktären av yttre motivation. Någon annan har bestämt vad du skall prestera. Dessa yttre förväntningar kan upplevas som oöverstigliga, men om eleverna däremot får bearbeta uppgiften med humor tillsammans med andra på ett kreativt sätt, har de bidragit med något eget som öppnar för ett flöde av egna tolkningar av de ingående delarna i den svåra nya uppgiften. Detta stärker den så viktiga självbilden, att ha ett verktyg att ta till om det är svårt att påbörja ett arbete.

# Samtalet

**JanErik** Yttre och inre motivation påverkar vår förmåga att prestera mer än vi vill medge. Våra känslor eller upplevelser är en ingen tillfällighet, de har ett ursprung som det är viktigt att reflektera över.

**Peter** Under min utbildning funderade jag mycket på vad det var som begränsade mig, nu när jag läser om hur yttre motivation också kan vara positiv och väl så viktig som inre positiv motivation, sätter det igång mycket tankar hos mig!

**Sarah** Jag tror att det är bra att sätta ord på det som händer med oss, att inte låta sig påverkas negativt utan bemöta alla utmaningar med en plan, ett eget mål som vi klarar av att genomföra – att träna Grit helt enkelt!

**Peter** Vi har ju lärt oss att hjärnan är flexibel och detta verkar vara ett bra exempel på vad man kan uppnå med träning och mer "Jävlar anamma" tillsammans med andra.

**JanErik** Lärande är en social aktivitet tillsammans med klasskamrater och viktiga vuxna som kan överbrygga de egna begränsade förutsättningarna genom medveten träning. Här har Skolverket mycket att lära!

**Sarah** Det är en japansk inställning över Grit: "Alla kan lära, det tar bara olika lång tid för vissa". De säger också att det krävs en hel by för att uppfostra ett barn. Det är en så fin inställning! Det är så lustigt att metoden kommer från USA.

**JanErik** Angela Duckworth, den amerikanske forskaren bakom metoden har kinesiskt ursprung. Det låter som en bra kombination.

**Peter** Vi måste utveckla samarbetet med elever, föräldrar och andra viktiga vuxna, för att utnyttja vår gemensamma styrka.

**Sarah** Det förutsätter att vi "går kursen tillsammans" med skol-personal och föräldrar.

**JanErik** De goda exemplen från Singapore och Finland visar att vi måste samarbeta och ta ett gemensamt ansvar för undervisningen.

**Sarah** Ut med marknadskrafterna och naturvetarnas misslyckade pedagogik och in med evidens, erfarenhet och ömsesidigt ansvarstagande och samarbete hos politiker, tjänstemän, skol-ledning, lärare, föräldrar och barn!

# Kapitel 6

# Aktivt riktad uppmärksamhet

- Hur mycket påverkas vi av vår självbild?

- Varför måste eleverna inskolas och tränas för att lära sig mer hållbart?

- Varför lär man sig mer om man tränar på att aktivt och styra sin uppmärksamhet?

- Varför är det så viktigt att konstruera egna meningsfulla sammanhang?

- Hur kommer det sig att reflektion, lekfullhet och berättelser gör kunskap tydlig och lättare att komma ihåg?

**Hur mycket påverkas du av din självbild när du löser dina utmaningar?**

George Bernard Shaw: "Life isn`t about finding yourself it`s about creating yourself". Shaw lyfter fram något mycket centralt, vill du utvecklas i ditt lärande på ett långsiktigt sätt handlar det om att själv ta initiativet genom att skapa egna meningsfulla sammanhang och samtala med andra för att utveckla kunskapen. Detta kapitel kommer att handla om mina erfarenheter av hur mycket du kan påverka din självbild.

**Hur ser förutsättningarna ut?**

Filosofen Thomas Metzinger: "Vi behöver göra oss av med jag – illusionen. Vår jaguppfattning styr och begränsar oss till ett "tunnelseende": "Om vi tar oss ur jag tunneln slipper vi många av subjektivitetens lidande". Tanken med Jagmodellen är att hjärnans uppgift är att förenkla vår vardag och göra oss mer konkurrenskraftiga. Tyvärr bygger inte detta förhållningssätt på någon intelligent design eller urvalsprocess utan hjärnan sammanställer det material som finns till hands. Vägen till frigörelse går genom egen aktiv reflektion och planering. 81).

81) Jan Söderqvist Svd 5/2 2010.

59

## Är vi medvetna om hur vår självbild styr våra handlingar?

Förmodligen alldeles för lite, men som lärare har jag aktivt tränat elever som haft en problematisk självbild. Det är först när de formulerar frågor och reflekterar över sina förmågor och sätt lösa uppgifter som något viktigt händer. I det arbetet har frågor öppnat för en reflektion över situationer som de vill hantera bättre och lära sig mer av. Frågor som får dig att beskriva händelseförloppet kan då vara en hjälp: Vad hände, Vad gjorde jag, Hur reagerade de andra, kunde vi gjort på ett annat sätt?

När du gör det till en vana att beskriva vad som händer dig tillsammans med andra, kan du också bli mer medveten om hur du förhåller dig. I den amerikanska dansfilmen "Shall we dance" finns en replik som etsat sig fast hos mig och som beskriver hur beroende vi är av samtal och bekräftelse från vår omgivning: "We all need a witnes to our life". Av det kan man lära sig att det är lättare att se sina förmågor tillsammans med andra.

### Elevens egen aktivitet tränas och lektioner anpassas

Att lära sig på ett meningsfullt sätt är en aktiv handling som eleven tränar in under inskolningen vid varje terminsstart. Det handlar om att träna in en frågebaserad studieteknik som får eleven att ta steget från att vara en passiv lyssnare till att aktivt ställa frågor och välja sitt sätt att förbereda sig. Det kan vara genom repetition och översiktsläsning där formulerandet av frågor skärper närvaron och uppmärksamheten. Eller att lära sig att läsa aktivt genom att samtidigt ställa de frågor som underlättar den egna reflektionen över vad som är viktigt. Detta leder i sin tur till mer medvetna anteckningar. När eleven förberett sig på detta sätt skapas förväntningar på lärarens sätt att planera lektionen. Lärarens uppgift blir då att inleda arbetet med att lyssna och svara på elevernas frågor och ge utrymme för elevens aktivitet.

**Egen aktivitet förstärker lärandet på lång sikt**

Detta arbetssätt öppnar möjligheter för eleverna att utvecklas och ta mer ta mer ansvar för sitt lärande. Läraren följer sedan upp med att anpassa lektionen och bemötandet efter de nya förutsättningarna. När eleverna uppnår metaperspektivets överblick genom frågestrategier upptäcker de lättare värdet av egen kunskap, vad de saknar och hur de mer medvetet söker efter svar. 54).

**Träning av Grit ger resultat**

I mitt arbete med elever har det handlat om att skapa bra ingångar till elevens inre motivation genom att berätta, problematisera, ge eleverna uppdrag i smågrupper och att träna dem vid terminsstarten i att vara aktiva medskapare av sin kunskap. Denna träning innehåller moment av frågebaserad studieteknik och Grit. Under samtalen i studiegruppen blir det sedan lättare att se mönster och skapa meningsfulla sammanhang i långtidsminnet.

**Att ställa frågor blir ett medium för lärande**

Förmågan att ställa frågor blir på detta sätt ett medium för lärande därför att långtidsminnet är trögstartat och behöver aktiveras med frågor och reflektion. Långtidsminnet kan lagra dina reflekterade kunskaper och erfarenheter i en nästan obegränsad omfattning. 55).

**Det kortsiktiga lärandets konsekvenser**

Undervisningen i många skolor har ett inslag av yttre motivation i form av högt tempo med stoffträngsel, stora krav på eget arbete och täta prov för att hinna med att redovisa alla delar av kursen. Med detta arbetssätt förväntas eleverna i alltför stor utsträckning vara en passiv mottagare av information som skall memoreras för att snabbt kunna återges utan egen reflektion. Ett sådant arbetssätt är kortsiktigt och tenderar att placera informationen i arbetsminnet. All information som placerats i arbetsminnet raderas efter en kort tid.

54) Dylan Wiliam, s.162. 55) Torkel Klingberg, s. 39 – 40.

Som försvar brukar man säga att det går ju alltid att hämta på nätet och hänvisar till att en väl utvecklad källkritik ger en mer trovärdig och bild av information från medierna. Det är naturligtvis sant men då förbiser man det faktum att elevernas reflektion kräver kunskap att referera till i långtidsminnet, annars blir de hänvisade till kunskap som de inte säkert vet ursprunget till.

## Det avgörande tankefelet

Elever och lärare blir lätt stressade av kursplanernas kravbild om de tolkas alltför bokstavligt. Här finns ett tankefel, Skolverket utgår ifrån att läraren viktar ämnesinnehållet, så att bärande ämnestypiska kunskaper får större plats och andra presenteras mera översiktligt. Erfarenheter från undersökningar visar att eleverna lyckas bättre om läraren går långsamt fram så att alla förstår på en grundläggande nivå. Med ett sådant arbetssätt ges eleverna tid till att rikta sin uppmärksamhet genom att samtala lyssna, ställa frågor, reflektera och anteckna. Eleverna kan då sätta sig själva i centrum för sitt lärande och ta ansvar. 43)

## Eleverna skall aktivera långtidsminnet genom frågor och reflektion

Här berör vi bokens viktigaste budskap, att självständigt rikta uppmärksamheten genom att ställa frågor och reflektera för att bygga upp en egen kunskap i långtidsminnet. Eleverna har då skapat en kunskap att referera till när de tar ställning till ny kunskap. Med ett sådant arbetssätt styr eleverna sin hjärnas processande och lär sig mer därför att de själva står för initiativet i sitt lärande.

## Varför är frågor så viktiga?

För att ställa en fråga måste du beskriva vad du vet och vilken kunskap du saknar om det aktuella ämnesområdet. Efter en sammanfattning av förutsättningarna kan du sedan formulera bättre frågor så att du kan lyfta fram viktig kunskap och komplettera med det som saknas.

43) Dylan Wiliam 54).

I denna aktivitet riktar eleven sin uppmärksamhet medvetet och reflekterar över värdet av denna kunskap. . Då lämnar deras arbete spår i form av minnen i långtidsminnet. Därför bör eleverna ställa frågor och reflektera för att minnas bättre, samtidigt som de får en bekräftelse på var de befinner sig i sitt lärande. Detta arbetssätt är ett exempel på ett metakognitivt lärande.

## Sokrates insåg värdet av att aktivera sin åhörare

Sokrates insåg vinsterna med att aktivera åhörarna, vilket gjorde att han svarade på sina åhörares frågor genom att ställa nya frågor, tanken var att aktivera deras reflektion så att de kunde bygga upp ett eget sammanhang. Med ett sådant förhållningssätt kan du också avslöja tankar och avsikter bakom förslag till förändringar som kan påverka din vardag. Drivkrafter och bakgrund till historiska händelser blir då lättare att förstå. Under detta arbete skapar eleverna ett eget meningsfullt sammanhang som ger dem en aktiv kunskapsbank i långtidsminnet som de kan återkomma till när de ställs inför aktuell information och tvingas konstruera en ny förståelse/kunskap av sammanhanget.

Hjärnforskare bekräftar att hjärnan är formbar och att frågestrategier är ett medel att styra hjärnans uppmärksamhet.

Därför är det viktigt att beskriva hur forskarna ser på hjärnans sätt att lära. Mycket förenklat kan man beskriva det som att hjärnan har två nivåer i sin förmåga att lagra information: arbetsminne och långtidsminne. Naturligtvis är hjärnans funktioner mer mångsidiga och komplicerade än så, men om det skall vara möjligt att rikta uppmärksamheten är det viktigt att välja ut vad som är möjligt att påverka i det vardagliga arbetet.

## Arbetsminnet

Arbetsminnet håller reda på viktiga förutsättningar som regler och förhållningssätt samt tidsramar för att vi skall kunna samarbeta och upprätthålla vår närvaro i den miljö vi befinner oss i. På senare tid har det varit vanligt att man lägger alltför mycket minnesfunktioner och verkställighet till arbetsminnet. Det är logiskt, därför att det har en förmåga att leverera kortsiktig information snabbt. Arbetsminnets förmåga är begränsad till att hantera ett "medium" åtgången på sin högsta kapacitet.

Tillför du ett medium till halveras förmågan osv. Exemplet där eleven har mobiltelefon och dator på samtidigt som de skall försöka ta in vad läraren säger eller vad klasskamraterna vill förmedla under samtal i studiegruppen får förödande konsekvenser för lärandet.

## Det råder en förenklad och kortsiktig syn på vad kunskap är

I ett arbetssätt där datorer anses vara lösningen för att förbättra lärandet, kan vi konstatera att det motsatta har inträffat på grund av de kompromisser som måste göras. Datorer kan inte tänka, reflektera, värdera värdet av information eller utnyttja känslor och sinnen för att konstruera personliga och meningsfulla sammanhang i långtidsminnet. De kan inte uppfatta mönster eller avsikten bakom en presentation som inte är förprogrammerad. Undersökningar i England och USA har visat att en övertro på datorers läreffekt har lett till sämre kunskaper hos eleverna. 56),

**Multitasking**

Det finns en olycklig tro på att Multitasking (att arbeta med flera medier samtidigt) är ett tecken på utvecklat lärande när det i praktiken innebär att förmågan till uppmärksamhet/koncentration minskar med hälften för varje medium du tillför i ditt arbete. Resultatet blir sämre från varje aktiverat område! Daniel Kahneman: "Uppmärksamheten har ett pris: vi har en begränsad budget för uppmärksamheten som vi kan fördela mellan olika aktiviteter och försöker vi överskrida den budgeten är vi dömda att misslyckas, det som är kännetecknande för krävande aktiviteter är att de stjäl av varandra, vilket förklarar varför det är svårt eller omöjligt att utföra mer än en sådan åt gången". 59)

**Läsning på skärm minskar det kreativa medskapandet**

Arbete med datorer tenderar att förvandla elevernas arbetsinsats till att ge respons på färdiga arbeten som ofta är designade för andra miljöer än skolans värld.

59) Daniel Kahneman, s. 35.

Läsundersökningar har visat att de elever som läser på en datorskärm minns mindre att av det viktiga i en text än den elev som läser i en bok.

En datorlärare och en systemteoretiker (IT) uttalade sig om förslaget att införa programmering i tidigaredelen av grundskolan:

*"Inför datorer i undervisningen först i år sex, det är bättre att eleverna lär sig att läsa, bygga upp ett utvecklat ordförråd, skriva och räkna snabbt samt reflektera självständigt och arbeta med penna och papper under de tidiga åren i grundskolan". "Lär dem att samtala och samarbeta så att de kan använda sina naturliga förmågor, då kommer de att minnas vad de lärt sig under längre tid".*

**Författaren fortsätter:**

Dagens unga lever med telefoner och datorer från dagisåldern, vilket gör att de tidigt är duktiga på att söka, ta emot och kommunicera andra. Dessa elever behöver inte lära sig att programmera/hantera datorer från år 0 till år 6 under skoltid.

**Datorer har sin givna plats men arbetet måste regleras**

Datorer och mobiltelefoner viktiga som informationskällor, vid redovisningar och träning av vissa moment samt stöd för elever som behöver det. Aktuell forskning har visat att mobiltelefonernas funktioner är nu det bästa hjälpmedlet för personer med dyslexi, därför att de nu kan ersätta scanner, diktafon, kan erbjuda läs- och skrivhjälp samt att du alltid har dem med dig.

**Rensa displayerna från sociala medier och reklam!**

Dessa digitala hjälpmedel skall däremot rensas från Poppupfunktioner, reklam och sociala medier för att inte störa koncentrationen. Varje signal sänker förmågan att arbeta under tjugo minuter vid varje tillfälle. Datorer kan inte se mönster och söka mening i en presentation som inte är förprogrammerad. Undersökningar i England och USA har visat att en övertro på datorers läreffekt har lett till sämre kunskaper hos eleverna. 56).

56) Tim Oats artikel SVD.

**Eleverna skall lära sig att kunskap uppstår genom eget hårt arbete**

Vad de däremot behöver lära sig är att varaktig kunskap uppstår genom egen aktivt och riktad reflektion som underlättas av att de vet hur yttre och inre motivation avgör inriktningen på den egna kunskapen. Framför allt måste de lära sig att de själva måste konstruera och ordna en sådan kunskap i egna meningsfulla sammanhang. Vägen dit går genom träning av frågebaserad studieteknik, samtal- och samarbetsförmåga och Grit"

**Utveckla elevernas källkritiska förmåga!**

Därför är det viktigt att utveckla elevernas källkritik för att uppnå en korrekt och medveten fördjupning som bygger på egna insikter och kunskaper. Datorernas snabba flöde uppmuntrar eleverna till att hämta och "klippa och klistra" färdig information och som levereras utan egen reflektion. Detta leder till att eleverna arbetar mer med det begränsade arbetsminnet vilket gör dem stressade och att de upplever en känsla av koncentrationssvårigheter. Orsaken är att arbetsminnet är överbelastat.

**Konkurrenstänkandets avigsidor**

I en sådan situation blir det allt vanligare att eleverna tar genvägar och ibland tar till otillåtna medel för att motsvara förväntningarna. Lärarna inser bristerna men vill hålla uppe "skenet" inför rektors marknadstänkande och föräldrars förväntningar genom att ge eleverna "glädjebetyg". Det finns exempel på att föräldrar och elever känner sig "kränkta" av att eleverna inte fått de betyg som de förväntade sig!

**Lärare pressas att sätta höga betyg**

De är inte ovanligt att rektorer beordrat lärare att höja betygen för att snygga till skolans anseende! Elever har kommit till mig för att de inte motsvarar tidigare skolforms betygsnivå. Vi vinner inget på att elevernas kunskaper inte motsvarar de satta betygen! Det leder enbart till att bristerna för flyttas till nästa skolform med försämrad självbild till följd och en misstro till den kunskap de fått från den tidigare skolformen.

**Kommer det här på provet?**

Elever som ställer frågan "Kommer det här på provet" avslöjar mycket om hur denna elev ser på kunskap. Att kunskap enbart handlar om att få höga poäng på provet genom att memorera "de rätta" svaren. Denna elev belastar arbetsminnet för att kortsiktigt minnas det viktiga och missar den långsiktiga lagringen i långtidsminnet. Egen reflektion har underordnad betydelse för denna elev.

**Arbetsminnet och långtidsminnet samarbetar**

Långtidsminnet är trögstartat och behöver stimulans för att delta och det sker genom att eleven ställer frågor och reflekterar över förutsättningarna under genomgångar och problematiseringar. Långtidsminnets förmåga att lagra meningsfull information är nästan obegränsad. Arbetsminnet och långtidsminnet är beroende av varandra för att fungera på avsett sätt. Om arbetsminnet blir överbelastat påverkar det minnesprocesserna negativt. Långtidsminnet arbetar efter de förutsättningar som arbetsminnet samlar in. Här finns ett samarbete som påverkas om den ena parten inte hinner med. 58).

**Satsa på att aktivera långtidsminnets resurser!**

I de bästa av världar skall vi arbeta mer med långtidsminnet med tanke på att bearbetade kunskaper där lagras på ett mer varaktigt sätt. Detta minne har den funktionen att det ger förutsättningar till att utveckla den viktiga självreflektionen för att konstruera egna meningsfulla sammanhang. Med andra ord en egen kunskap som kan användas i olika sammanhang.

**Det finns alltid riktade medvetna alternativ**

Eleverna kan lära sig att rikta uppmärksamheten på ett medium (läsa i pappersbok, skriva för hand, samtala, film, dator) åt gången genom att ställa frågor och reflektera över ny information med utgångspunkt från egen kunskap och erfarenhet. Under detta arbete aktiveras långtidsminnets i stort sett obegränsade kapacitet och som därigenom kan avlasta arbetsminnet.

58) Daniel Kahneman, s.34.

Långtidsminnet är beroende av att arbetsminnet kan uppfylla sin aktiva roll i att söka, motta, sortera och redovisa information. Om läraren sedan tränar eleverna i "Grit" händer något viktigt!

## Att träna eleverna i att aldrig ge upp

En framgångsfaktor kan vara att läraren tränar eleverna i förhållningssättet "Grit" som kan beskrivas som elevens inställning till sin roll och till samarbete med klasskamrater under lektionen. Eleverna får träna på aldrig ge upp när det tar emot utan skall försöka om och om igen tills de förbättrat sin arbetsuppgift. Under en ett sådant pass lotsar eleverna varandra i att utveckla sin uthållighet under arbetet med en text eller andra uppdrag. Elevens självbild förbättras och därmed förvissningen om att den egna förmågan räcker och kan utvecklas ytterligare. 57).

## I studiegruppen bekräftas elevens kunskap

Många elever behöver mer stöd än läraren hinner ge under eller i anslutning till lektionen. Det är då skolans uppgift att anpassa schemaläggningen så att alla elever får arbeta i studiegrupper i slutet av lektionen för att få samtala om vad de lärt sig. Att ha tillgång till läxhjälp i anslutning till skoldagen underlättar för många elever som inte har det stödet i hemmet. Här har biblioteken en viktig roll att hjälpa till med litteratursökning och läxhjälp

## Läraren tränar eleverna fortlöpande i studieteknik

Det är viktigt att läraren tränar studieteknik (inför Grit - tänkande) med jämna mellanrum så att eleverna kan lyssna aktivt genom att ställa frågor, sammanfatta, skriva ner viktig information som de kan samtala om i studiegruppen under lektionerna. . Detta arbete underlättar läraren genom att ta korta pauser vid viktiga avsnitt (mindbreathing), stanna upp var tionde minut för sammanfattning och framåtblick – vad saknar vi? Sedan avslutas lektionen med en sammanfattning av hela lektionen och elevernas bekräftande samtal i studiegrupper vad de uppfattade som viktigt.

57) Angela Duckworth, s.286 – 292,

**Föräldrar stöttar sina barn bäst genom att hjälpa dem att planera för de goda och avgörande förutsättningarna:**

Planerad tid för läxor, bra mat/medelhavsmat, anpassad tid för motion, vila och sociala kontakter. Bra mat gärna med stort vegetariskt inslag (medelhavsmat) och motion stärker immunförsvaret och ger kraft och arbetsro. Bekräftelse från viktiga vuxna och tillfälle att utveckla sociala förmågor tillsammans med jämnåriga förbättrar självbilden. Musik, kultur och olika hobbys bejakar personliga intressen. Sammantaget bidrar dessa fyra områden till att stärka självkänslan och utvecklar tilltron till den egna förmågan att vara uthållig att genomföra "Grit".

### Det bästa rådet till föräldrarna

Föräldrar stöttar sina barn och ungdomar bäst genom att se till att läxor blir gjorda under lugna och anpassade former. För att eleven skall må bra skall tid avsättas för intressen (idrott, musikskola), kamrater, bra mat, läxor och vila. Sist men inte minst är det viktigt att föräldrar talar väl om skolan och själva går före som goda exempel."Läraryrket är komplext därför att det förutsätter att du har kunskap inom många områden. Förutom goda ämneskunskaper, ha förmåga att bemöta elever på rätt behovsnivå, ha kunskap om olika undervisnings-metoder, ha god organisationsförmåga, finns också krav på att du skall vara en skicklig ledare. Du skall också vara intresserad av att utveckla din lärarroll tillsammans elever och kollegor. Din insikt om elevernas villkor skall leda till att de känner sig berörda och bekräftade". 60) Jaara åstrand ordf. Lärarförbundet.

### Hur beskriver eleverna en bra lärare?

När eleverna skall beskriva en bra lärare återkommer alltid dessa omdömen: att läraren är engagerad, kan sitt ämne, är bra på att lära ut, ser oss, bekräftar oss, skapar trygghet, bygger upp ett förtroende och är förutsägbar, att läraren visar entusiasm och lust för sitt ämne, får eleverna att delta i planering av undervisningen, få dem att tycka att det är roligt, de vill bli smittade av lärarens energi och för att bli motiverade att lära sig. Mycket av beskrivningen är naturlig om du är välutbildad och har insett att undervisningen skall börja på den nivå eleverna befinner sig. Att läraren alltid är ett föredöme för eleverna när det gäller arbetet i klassrummet.

Inställning till ämnet, trygga arbetsformer och sätt att bemöta andra och att läraren aktivt tränar detta med eleverna. Det kan gälla frågebaserad studieteknik med hälsoaspekter, träna källkritik, förmåga att samtala och att samarbeta i studiegrupp. 61).

**Läraren skall vara en god ledare!**

Jaara Åstrand ordf. Lärarförbundet:

"Att vara ett föredöme handlar också om att vila i en tydlig positiv självbild och dela med sig av sina styrkor men samtidigt berätta att man arbetar med sina sämre sidor. Få elever vill ha en lärare som uppfattar sig som felfri. En lekfull distans till sina brister kan istället bli en ingång till kreativa infall som man kan fabulera omkring".

**Betydelsen av berättelser och kreativitet**

Einstein talade om kreativitet och fantasi som forskarens viktigaste redskap, därför att när man stöter på ett hinder ser man lättare fler lösningar för att komma förbi denna svårighet. Hans råd till föräldrar var att läsa sagor för barnen och prata med dem om handlingen. Om vi omsätter detta i klassrummet kan det göras i form ett rollspel där en fingerad familj får problematisera och samtala om lösningar av det som skall läras in. I det till synes lekfulla får information plötsligt en ny mening, inte bara något som skall memoreras

Alla former av att göra praktik av teoretisk information engagerar långtidsminnet och dess stora lagringsförmåga. Ett sådant förhållningssätt bygger på frågor och reflektion som alltid engagerar långtidsminnets kunskapsreferens.

60) Jaara åstrand ordf. Lärarförbundet. 61) SVD. Skolresan

**Betydelsen av repetition och förförståelse**

Ett sätt att förbereda sig är att ge sig själv en förförståelse dagen innan genom att översiktsläsa texten eller om den möjligheten finns - gå in på nätet (ex Flipped Classroom) för att förbereda lektionen genom att formulera frågor för att få ett grepp om vad lektionen skall handla om. Denna förberedelse skall inte ta mer än en kvart, avsikten är heller inte att kunna utan att greppa avsikten med lektionen. Det innebär att du kommer att ha en anledning att gå på lektionen: för att få svar på dina frågor.

**Att träna "Grit" med eleverna ger resultat**

Denna träning genomförs med jämna mellanrum tills "Grit" har blivit en del av elevens tänkande: att aldrig ge upp! Det får då också positiva konsekvenser, arbeten blir klara i tid, prov förbereds mer noggrant därför eleven avsätter tillräckligt med tid för repetition. Detta förhållningssätt framträder också tydligt när du tvingar dig till att lyssna mer aktivt på läraren eller dina klasskamraters redovisningar med tanken att du skall sammanfatta och skriva ner vad du uppfattat som viktigt. Avsikten med detta är att du skall kunna berätta om vad du lärt dig i din studiegrupp. Att veta att du skall framträda med dina egna insikter ökar också förmågan att koncentrera sig på ett naturligt sätt.

**Hur beskriver lärarna en bra elev?**

Utvilad, väl förberedd, motiverad, lyssnar koncentrerat, sammanfattar, ställer bra frågor och antecknar för att kunna redovisa i studiegruppen samt redovisar, samtalar insiktsfullt och lämnar in arbeten i tid. Finns det sådana elever? Absolut, fler än man kan tro om läraren tränar eleverna i studieteknik och "Grit". För många elever är schemat fyllt med ämnen varje dag, det blir många nystarter som tar mycket kraft om du skall vara koncentrerad. Därför är det välgörande att träna uthållighet genom frågestrategier.

**Om att lyssna, associera fritt tillsammans med kollegor**

I alla yrken är det viktigt ha att återkommande samtal med kollegor för att stämma av tankar och upplevelser, bygga upp en känsla av att vara på väg mot ett gemensamt mål.

Då är det viktigt att få beskriva sina tankar och få "fabulera fritt" över vilka konsekvenser det kan få för eleverna positiva och negativa. Är det värt ett försök? Eller så kan man tillsammans komma fram till något ännu bättre. Där finns den stora nyttan med att få uttrycka och därmed få syn på var man befinner sig i sin utveckling, bara genom att försöka beskriva sin tanke. Tillsammans upptäcker ni möjligheter bara genom att lyssna och associera fritt från egna erfarenheter samt att lekfullt bolla med olika alternativ.

**Hur beskriver lärarna en bra förälder?**

Lärare och föräldrar har samma uppdrag, att ge eleven/barnet de bästa förutsättningarna där de befinner sig. Lärarna organiserar undervisningen för att skapa en bra lärmiljö i skolan och håller en bra kontakt med hemmet, föräldrarna ser till att hemmet blir en trygg och stöttande studiemiljö och upprätthåller en bra kontakt med skolan.

**Hur beskriver lärarna en bra rektor?**

Att få ett aktivt stöd från rektor är nödvändigt. Att få känna att man är sedd och att få bekräftat att det man gör är viktigt, att man gör skillnad och att man blir belönad för det. Vi kan sammanfatta det som: Läraren skapar goda lärmiljöer i skolan, skolledarna ger lärarna rätt förutsättningar. 62).

62) SVD skolresan

# Samtalet

**JanErik** Eleverna lär sig mer om de utgår från sina egna förutsättningar, men de måste träna på att se var de befinner sig och sedan vara aktiva genom frågebaserat lärande och GRIT.

**Peter** Det är lätt att vi tar för givet att eleverna vet vad de kan och vad de behöver lära sig.

**Sarah** Att ha förberedda frågor med sig när man arbetar med uppgifter på nätet gör att det händer något, jag tvingas att bli mer aktiv och för att kunna reflektera över syftet och värdet av informationen, annars kan jag inte använda den.

**JanErik** Eleverna lär sig inte lika mycket på egen hand, de fastnar lättare i ett ensidigt arbete. Läraren skall vara närvarande och styra arbetet så att eleverna känner sig trygga.

**Peter** Det är mycket roligare och lättare om jag stimulerar eleverna med lite öppna frågor. Då känner de sig sedda och bekräftade för jag berömmer dem även om framstegen är små. Jag skapar berättelser för att skärpa koncentrationen. Eleverna fattar ju vad jag är ute efter så att det blir ett kul inslag som gör det roligare att vara aktiv och koncentrerad.

**Sarah** Du får ju också bättre kontroll över vad som händer och kan ge mer anpassat stöd till var och en. Jag lägger in berättelser egna eller påhittade för att skärpa koncentrationen. Eleverna fattar ju vad jag är ute efter så att det blir ett inslag som gör det roligare att vara aktiv och koncentrerad.

**JanErik** Ni har fattat vad undervisning handlar om! Ni skall dela en kreativ aktivitet med eleverna, de skall våga vara nyfikna, pröva och reflektera över vad de kommit fram till!

**Peter** En sådan inställning finns inte naturligt, vi måste träna dem i att vara aktiva.

**Sarah** Jag har nog förväntat mig för mycket av eleverna, det förklarar varför det ibland blir så trögt att få igång en kreativ aktivitet.

**JanErik** Det finns en övertro på att nätet skall ha en större roll i lärandet, det måste vi ändra på!

# Kapitel 7

# När du kan se ett mönster har du börjat förstå

- Varför kan upptäckten av ett mönster i uppbyggnaden av en text bidra till att förstå avsikten bakom formuleringarna?

- Hur kan upptäckten av mönster i en text bidra till att du kan få en bild av var du befinner dig i din kunskap?

- Hur kan jag använda denna kunskap i min vardag för att förstå var jag befinner mig i sannanhanget?

De elever och skolpersonal som söker efter mönster i aktuell information genom att jämföra den med egen erfarenhet och kunskap har lättare att upptäcka viktiga samband och avsikter bakom information på nätet och åtgärder från Skolverket och utbildningsdepartementet. 3), 63). En viktig fråga som inställer sig är hur mycket denna process påverkats av egen kunskap. Vad blev resultatet och varför? Finns det ett mönster i det? Ett sådant metaperspektiv kan avslöja om egen reflekterad kunskap förkastas varje gång ny information presenteras. Då försvinner den så viktiga processen att utgå från att vad som är beprövad egen erfarenhet och reflektera över värdet av ny kunskap har för värde i ett längre tidsperspektiv.

**Pedagogik skall utformas efter hjärnans och elevernas aktuella behov.**

Om man med utgångspunkt från beprövad erfarenhet, pedagogisk forskning och hjärnforskning prövat de nya idéerna på Skolverket hade de flesta aldrig lanserats i den svenska skolan. Pedagogik skall utformas efter miljö de behov den skall praktiseras i. Nuvarande skola har formats av de tankar och förusättningar som präglar stora delar av arbetsmarknaden där ekonomer naturvetare och representanter för näringslivet har för stort inflytande vid prioriteringar.

Runt om i världen finns det goda exempel på politiker som lyssnar på forskare och pedagoger för att skapa en bra skolutveckling. Framgångarna har inte låtit vänta på sig i Finland, Singapore och Sydkorea.

**Exemplen på arbetssätt som inte hör hemma i skolan är många:**

Det har skapats en övertro på självständigt arbete, morötter i form av prov, högt tempo, höga krav, konkurrens, stark betoning av dokumentationens betydelse för elevernas lärande som saknar stöd i forskning och beprövad erfarenhet. 3.) och 63), Peter Gärdenfors, 2010.

## Ta reda på vad egen kunskap står för

Ta också reda på vad vet du om de egna förmågornas värde. Vilken inriktning har de, kan de tillföra något i det sammanhang du befinner dig i? Vad behöver du för att komplettera dina kunskaper? För att kunna svara på det måste du ställa utredande frågor, reflektera och återigen ställa nya frågor. Med andra ord att försöka att se dig själv i ett metaperspektiv för att kunna förbereda dig inför viktiga utmaningar.

## Att ha realistiska förväntningar

Den stora vinsten med detta förhållningssätt är att du kan få en inriktning på dina ansträngningar som motsvarar din förmåga och de förutsättningar som ges av den miljö du arbetar i. Optimering är ett vanligt förekommande ord för det jag nämnt ovan och det förutsätter att du söker efter viktiga framgångsfaktorer eller handlingsmönster som du sedan lägger in i ett mönster som du lätt kommer ihåg.

## Exempel på frågor för att upptäcka viktiga mönster på metanivå

- Varför begränsas informationen medvetet när du ställer frågor?

- Varför får information mening om den bearbetats med frågor och reflektion?

- Har du tänkt igenom vilka mönster du själv utgår ifrån vid sökning och bearbetning av tillgänglig information?

- Kan denna vetskap leda till att du minns bättre?

- Måste information utsättas för reflektion för att få mening?

76

## Att reflektera är att rangordna och välja bort

Är du medveten om vilken kvalité och inriktning din insamlade information har eller måste du komplettera? Att reflektera över information innebär att vi avsiktligt sållar innehållet utifrån egen erfarenhet och avsikt. Den återstående nya kunskapen är ett resultat av de förutsättningar du medvetet utgick ifrån.

# Samtalet

**JanErik** När du bearbetat tillgänglig information med frågor sorterar du på ett naturligt sätt upp innehållet och tolkar det för att se om det framträder meningsfulla mönster som du kan skapa egna sammanhang av.

**Sarah** Hela boken återkommer till samma tema: när du ställer frågor blir det naturligt att reflektera för att få grepp om vad som är viktigt och sedan söka efter mönster som förklarar avsikten med texten.

**Peter** Precis, när jag reflekterar över min kunskap i förhållande till den information jag får fram och jämför den med det sammanhang jag befinner mig i, är det lättare att förstå vad som behöver kompletteras.

**Sarah** Yes! Vi tar makten över vårt eget lärande på våra och omgivningens villkor!

# Kapitel 8

# Frågan är svaret

- Varför undersöker du förutsättningarna i din omgivning mer aktivt när du ställer frågor?

- Varför är det möjligt att styra sin hjärnas arbete genom att ställa frågor och reflektera med hjälp av medvetna strategier?

- Varför krävs det att du ständigt bearbetar aktuell information för att avslöja avsändarens förutsättningar och avsikter?

- Varför förstår jag mer om jag bygger upp egna meningsfulla sammanhang genom frågestrategier och reflektion?

**Vad händer när du ställer en fråga?**

För att ställa en fråga måste du ha en tanke eller en idé om vad du vill veta. Ett självklart konstaterande, men vad händer sedan? En bra fråga kräver också ett tänkt sammanhang för att bli meningsfull. Den får då en riktning mot ett mer begränsat område. Denna egenskap gör att den och andra frågor då kan bidra till din reflektion för att nyansera och bygga upp ett eget meningsfullt sammanhang. Det jag nu beskriver sker utan att du tänker närmare på det och går så snabbt att du sedan tar det för givet. 27) 66), 67, 68.

**Frågor utvecklar förståelsen**

När jag talar med kollegor och läser om den svenska skolan slår det mig att vi tränar eleverna för lite i att ställa frågor för att lyfta fram kunskapers värde i ett metaperspektiv. Det är just i överblicken som viktiga mönster framträder som förklarar den nya kunskapens relation till sammanhanget. Kan du ställa frågor visar du också att har du förstått avsikten med ämnesområdet.

27) Klingberg, s. 20-21, 2010, 66) Gärdenfors, s.174, 2010, 67) Kahneman, s.107. 2011, 68) M. Ingvar, s.59, 2014.

## Vilken kunskapssyn vill vi ha?

Handlar undervisningen om att i första hand ge eleverna höga betyg på täta omfattande prov? Ett sådant förhållningssätt förutsätter att undervisningen inriktas på att eleverna skall klara proven och är till sin karaktär kortsiktig och levereras i oreflekterad bildform, alltså rena minneskunskaper i arbetsminnet. All kunskap som lagras i arbetsminnet har kort livslängd och försvinner därför snabbt. När eleverna nästa gång stöter på samma information måste de starta om från början igen. Då är det frestande att ladda ner färdig kunskap från nätet som de inte vet ursprunget till. Eller fuska på proven med mobilen, ett tilltagande problem.

### Det sunda alternativet

Låt oss ge eleverna kunskaper i form av en bildningsresurs som är mer generell och kan användas i många sammanhang. Proven handlar då om att redovisa kunskaper som utgår från det metaperspektiv som uppstår genom frågestrategier och egen reflektion samt under samtal med jämnåriga i studiegrupper. Eleverna har då konstruerat ett personligt och meningsfullt sammanhang. Den typen av prov ger mer ledtrådar till läraren om vad eleverna kan och vad som behöver kompletteras.

### Frågor utvecklar ditt lärande

När eleverna lyssnar eller läser förbättras deras reflektion och lagring viktig information av i långtidsminnet om eleverna aktivt ställer några enkla färdiga frågor och sedan utvecklar förmågan att ställa följdfrågor.

Exempel:

1. *Vad handlar det om? – (*Beskriv!)

2. *Vad kan jag?* - (Vad kan det nya tillföra??

3. *När kan jag använda den?* (*Varför har den ett värde tillsammans med det jag redan vet?)*

**Frågor skärper din uppmärksamhet**

Om du gör detta när du lyssnar på en genomgång eller när någon förklarar vad de uppfattat som viktigt skärps din uppmärksamhet. Då är det lättare att sammanfatta och skriva ner vad du anser som viktigt. Goda föreläsare och lärare är medvetna om detta behov och gör därför pauser genom olika exempel eller berättar om samma sak en gång till på ett nytt sätt.

**Risk för genvägar**

Varför är det så viktigt att ställa "färdiga" frågor? Om du väljer lyssna passivt och bara försöker komma ihåg vad som är viktigt, är risken stor att du minns bilder av kunskapen, utan att reflektera över vad som är viktigt. Denna information hamnar i arbetsminnet som lagrar information på kort sikt, för att kunna ge snabba svar. Arbetsminnets begränsade kapacitet gör att det snabbt blir överbelastat och bidrar till att du vill begränsa aktuell information. Det sker genom att du frestas till ta genvägar.

**Exempel:**

Dessa frågor ställs för att begränsa informationen så att den är möjlig att memorera:

- Kommer detta på provet?

- Måste vi anteckna detta?

En annan konsekvens blir då att egna reflekterade kunskaper inte fyllts på i långtidsminnet och inför skriftliga redovisningar är då frestelsen större till att ladda ner färdiga texter från nätet som eleverna inte vet bakgrunden till.

## Genomtänkta svar kräver riktade frågor

Min metafor "Frågan är svaret", lyfter fram betydelsen av att ett genomtänkt svar bara kan ges om du först ställt medvetna riktade frågor som utgångspunkt för din reflektion. Då blir det lättare att bygga upp ett eget meningsfullt sammanhang. När du arbetar så skapar du tydliga mönster som är ett tecken på att du förstått värdet av den aktuella informationen. På detta sätt lagras den lättare i långtidsminnet som du senare kan referera till när du möter ny information. 69)

## Kunskaper som finns kvar

Ett reflekterat och genomtänkt sätt att ställa frågor ger kunskaper som stannar kvar under lång tid, därför att du förankrat och byggt upp det själv efter dina förutsättningar. Det ger dig och läraren som skall hjälpa dig en tydligare bild av vad du kan och vad du behöver komplettera för att nå ditt mål.

## Samtal ger tillgång till andras kunskaper

Under samtal med andra får du lära dig att beskriva egen kunskap och får bekräftelse på var du befinner dig i ditt lärande. Samtidigt som du får tillgång till andras frågor, reflektioner, erfarenheter som kan användas för att komplettera egen kunskap. I denna miljö blir det naturligt att formulera nya frågor tillsammans för att sammanfatta vad som är viktigt. Denna kunskap blir då ständigt närvarande när du aktivt skapat ett samarbete mellan arbetsminnet och långtidsminnet.

## Lär eleverna Grit!

Om du lär dig förhållningssättet "Grit" kan du lära dig att aldrig ge upp genom att du hela tiden ställer nya frågor och prövar nya sätt att lösa uppgifterna på. Detta ger en otrolig styrka därför att du har satt upp tydliga genomförbara mål som du vet att du kan klara av. Detta blir då ett givet förhållningssätt som gör att man inte ger upp förrän man nått sitt mål.

3) Gärdenfors, s.154, 2010, 69) Kahneman, 135,

# Samtalet

**JanErik** När du skall ställa en fråga måste du först fundera på var du befinner dig, vad du vill veta och vart du vill komma och var du kan hitta det. På detta sätt aktiverar du dig själv på ett naturligt och utvecklande sätt. Varje gång du genomfört det stiger din självaktning som i sin tur ökar din nyfikenhet.

**Peter** Då kan man säga att frågor kan fungera som våra känselspröt när vi skall orientera oss för att skapa oss egen kunskap.

**Sarah** Jag har alltid ställt många frågor. Men nu förstår jag hur viktigt det är att rikta dem för att få en mer nyanserad bild av det jag tycker är viktigt.

**Peter** Om jag kan ställa frågor är det ett bevis på kunskap inom området, men de avslöjar också vad som saknas. Det var intressant!

**Sarah** Är inte det så som forskarna arbetar, de formulerar hypoteser som är en typ av frågor som beskriver och begränsar vad de vill undersöka. Då blir ju frågorna ett medium för att förtydliga uppdraget. Forskarna ställer sig då själva i centrum och kan på så sätt lyfta fram sin inre motivation.

**Peter** Vad är inre motivation för dig?

**Sarah** Det är när jag upptäcker att det jag kan och det jag står för är viktigt. Men också om att jag har kontroll, därför att jag kan styra mitt arbete och får tillfälle att samtala och reflektera tillsammans med andra i en studiegrupp eller med kollegor för att få bekräftelse på mitt sätt att lära mig.

**Peter** För mig är det samma sak men jag vill kalla det för flow, därför att jag har tränat Grit som ger mig kontroll över hur jag lär mig. Flow för mig innebär att det stämmer, kraven motsvarar min kunskap och förmåga att samarbeta med andra.

# Kapitel 9

# Problematiseringar och uppdrag

- Varför är det lättare att koncentrera sig om man först skall lösa ett problem på sin egen nivå som förklarar vad lektionen handlar om.

- Varför är det så viktigt att rikta uppmärksamheten för att själv bli aktiv i mitt eget lärande?

- Varför bekräftar ett kort uppdrag elevernas kunskap om de först fått reflektera över en problematisering?

**Att omsätta vardagspraktik i teoretisk form**

Undervisningen i skolan handlar om att presentera en praktisk verklighet i en teoretisk form så att eleverna förstår. Genom denna teoretiska version är det lättare att utnyttja fördelarna med metaperspektivets överblick och förståelse av det sammanhang de befinner sig i. Det är då eleverna kan upptäcka vad de behöver lära sig. Ett sätt är att läraren ser till att eleverna får träna frågebaserad studieteknik så att de själva söker, ställer frågor och reflekterar över vad de själva kan och vad de behöver lära sig. Får de sedan lära sig att skapa tydliga mål och träna på att inte ge upp genom förhållningssättet Grit har de större förutsättningar att lär sig mer.

**En berättelse skärper elevernas uppmärksamhet.**

Eleverna har lättare för att komma ihåg fakta om de ingår i en berättelse på den nivå som eleverna just då befinner på. Praktik kan då kopplas till teori så att eleven blir berörd och får lust att vara aktiv. En sådan berättelse innehåller en lägesbeskrivning med fördelar i miljön eller det vanligaste, nackdelar som eleverna måste väga in för att kunna genomföra ett uppdrag på den platsen.

## Att befinna sig i samma rum

Här finns dock en svårighet om läraren inte befinner sig "i samma rum" som eleverna, utan utgår från egen erfarenhet istället för att befinna sig i den värld som eleverna känner till. Risken är då stor att eleverna går in för att minnas utan att reflektera och därmed förlägger denna kunskap till det kortsiktiga arbetsminnet. Därför är det viktigt att läraren har gett eleverna de grundkunskaper som ger dem en positiv självuppfattning. Med en sådan uppfattning om den egna kompetensen frigör deras inre motivation så att de på egen hand kan reflektera över de olika delarnas egenskaper och ge dem en roll i det sammanhang som lektionen handlar om. 64). 65).

## Problematisering

Genom berättelsen har nu eleverna förutsättningar och miljö klart för sig och läraren går då vidare med en aktiverande problematisering som ger upphov till frågor och reflektioner som skärper tankarna inom ett tydligt avgränsat kunskapsområde

### Exempel på problematiserande frågor

Vilka är förutsättningarna, finns det ett problem, vilka begränsningar och möjligheter ser du?

När eleverna får en sådan frågebaserad problematisering att ta ställning till, stärks elevernas självbild under det följande korta klassamtalet. Bara att få känna att läraren har tilltro till elevernas förmåga, inspirerar och underlättar egen reflektion och lust att vara aktiv i samtal och samarbete.

Skolverket. 64) Anna Wahlberg, s. 320 – 325. 65) Peter Gärdenfors s. 88. Problematisering Skolverket.se

**Det aktiverande uppdraget**

- Efter en berättelse och problematisering med ett efterföljande kort klassamtal är eleverna förberedda på vad lektionen skall handla om. De har nu lättare för att fokusera, därför att de har reflekterat över samma ämnesområde. I detta läge presenterar läraren ett uppdrag.

- Ett uppdrag är begränsat och avsikten är att eleverna enbart skall sätta sig in i hur en tänkt person (de själva) skulle reflektera och handla.

- Eleverna delas in i två grupper och får nu i uppdrag att samtala om ett förslag till lösning. Avsikten är att läraren tydligare skall få veta var eleverna befinner sig och kan då förtydliga vissa moment.

- Läraren gör en beskrivning av uppdraget: vilka åtgärder är lämpliga och vilka konsekvenser kommer det att få?

- Eleverna samtalar om en lösning av uppdraget i två grupper. Tid: tio minuter.

1. När uppdraget är slutfört uppdraget samlar läraren eleverna och låter grupperna redovisa.

2. Efter denna uppvärmning startar lektionen med mer koncentrerade elever som blivit bekräftade av läraren och klasskamraterna.

**Exempel:**

Det är lektion i ellära i en gymnasieklass och lektionen skall handla om hur man installerar en tvättmaskin. Detta är läraren Joakim Simonssons plan för lektionen.

**Berättelsen:**

För att fånga elevernas koncentration berättar läraren om ett uppdrag han haft som installatör. Hans chef gav honom följande anvisningar: "Åk till Skogsvägen 5 och anslut en tvättmaskin". När jag kommer dit finner jag vatten på golvet, en fuktskadad el-central och matarkablar i dåligt skick.

**Problematiseringen:**

Hur skall jag agera? Kan jag ansluta tvättmaskinen eller måste jag förbereda det på något sätt?

**Uppdraget:**

Eleverna har nu fått en introduktion och de får nu i uppdrag att samtala i två-grupper om hur installationen skall genomföras.

**Klassamtalet:**

Under klassamtalet redovisar eleverna i sina två grupper och läraren gör en sammanfattning som leder över till lektionens uppdrag.

**Lektionen:**

Nu inleds den teoretiska och praktiska genomgången av lektionen "installation av tvättmaskin". Läraren gör korta (4sek) och långa pauser var 10:e min och avslutar lektionen med en sammanfattning.

**Studiegruppen:**

I slutet av lektionen samlas eleverna i studiegrupper för att berätta vad de uppfattat som viktig kunskap.

# Samtalet

**JanErik** Om du berättar, problematiserar och ger eleverna ett uppdrag att lösa tillsammans riktar du och fördjupar uppmärksamheten på ett lekfullt och kreativt sätt som samtidigt bekräftar eleverna på den nivå de befinner sig.

**Sarah** Absolut är det så, berättelser har en otrolig förmåga att fånga elevernas uppmärksamhet på ett intressant sätt. Tiden innan jag började skolan fick jag lyssna till berättelser i olika sammanhang som beskrev viktiga saker. Det finns ju ingen anledning att lärarna skall sluta med det när skolan börjar.

**Peter** Många lärare har för bråttom med att presentera teoretiska modeller eller formler. Jag tror att redan där känner sig eleverna obekväma, därför att de har svårt för att sammanföra teorin med praktiken. De flesta vet inte vad den egna kunskapen har för värde. Då kan berättelser göra att eleverna slappnar av och känner att ämnet berör och att förmågan att reflektera mer fritt ökar.

**JanErik** Det är inte antalet genomgångna avsnitt som är ett tecken på att man lyckats som lärare utan man arbetar i sådan takt att eleverna hinner att förankra kunskapen. Då kommer eleverna också att lyckas bättre på proven!

**Sarah** Att läraren sedan problematiserar och ger uppdrag i början av lektionen låter vettigt, jag känner mig mer bekräftad och har lättare att koncentrera mig om läraren berättar något intressant och ger sedan ger oss till att problematiseringar som anknyter till det vi kan. Uppdraget blir då lättare en bekräftelse och utveckling av det jag redan kan.

**Peter** Precis, alla vill få bekräftelse på den kunskap man har och få tillfälle att visa den tillsammans med andra. Jag tror att man lär sig mer och känner sig smartare på något sätt om får lösa uppdrag i en grupp.

**Sarah** JanErik du skriver om att varje lektion skall avslutas med en studiegrupp där man repeterar och samtalar om vad man lärt sig under lektionen. Det handlar tydligen om en liten grupp. Det blir nog rätt flummigt annars.

**Peter** Jag har prövat det en gång, det var riktigt bra. Vi fick träna först så att det inte skulle bli några som pratade hela tiden och det var viktigt att alla först fick berätta vad de tyckte var viktigt. Sedan samtalade vi om hur vi skulle tolka vad som var viktigt.

**Sarah** Det låter vettigt att man får en andra chans att komplettera vad man missat. Men det betyder att lektionerna måste förlängas och att schemat måste göras om.

**JanErik** Här har rektorerna en viktig pedagogisk roll för att stötta undervisningen genom att ge plats i schemat för samtal.

# Kapitel 10

# Frågebaserad studieteknik – med hälsotänkande

## Mina förebilder

**Sokrates:** Han svarade på åhörarnas frågor genom att ställa nya frågor. Sokrates ville att de skulle formulera frågor som de själva svarade på och reflekterade över för att bilda sig en egen uppfattning om förutsättningarna innan de tog ställning. 84)

**Sören Kirkegaard:** Om du vill lära en annan människa något måste du börja där hon befinner sig, allt annat är en självspegling.

**René Descartes:** han upphöjde tvivlet till en grund för vetande! "Jag tänker alltså finns jag" 85).

**Jean-Paul Sartre:** "Våra liv är inte mer än de val vi gör". Översatt i till pedagogik innebär det att personligt lärande och utveckling är ett projekt som individen själv tar ansvar för i samtal och samarbete med andra.

**Daniel Kahneman:** Hjärnans funktioner är flexibla på gott och ont men samarbetet mellan arbetsminnet (system 1) och långtidsminnet (system 2) kan dock styras med tydliga strategier som förbättrar lärprocessen genom att aktivt rikta uppmärksamheten, ställa frågor och reflektera så att kunskapen lagras i långtidsminnet.

**Mickael Greger:** Sjukdomar uppstår genom inflammationer, detta kan förhindras genom välavvägd vegetarisk eller medelhavskost, daglig motion, minskat sittande och förbud mot rökning och minskat alkoholintag.71)

84) Lars Lindström.2008. 85) Descartes/Nordin, 2003. Se ref.28,29,33,58,67,69,78,) Kahneman,2011. 71) Greger, 2011.

**Frågor är verktyg för medvetet lärande.**

För att formulera en fråga måste du utgå ifrån vad du kan och vad du vill veta. Därefter riktar du din uppmärksamhet mot ett avgränsat område som du tror kan ge den information som krävs för att bygga upp ett eget meningsfullt sammanhang. Svaren bearbetas och nya frågor ställs tills du har fått en tydlig bild av de förutsättningar du har tillgång till. Att ställa frågor och reflektera blir då dina verktyg för att förankra den nya kunskapen.

**Personlig inriktning**

Med personlig utformning av frågorna undviker vi i lättare att falla offer för marknadsförarnas avsiktliga styrning av informationen. Denna bearbetning utvecklar reflektionen samtidigt som det trögstartade långtidsminnets nästan obegränsade minneskapacitet aktiveras. Du har då infogat kunskapen i mönster eller sammanhang som gör den användbar i olika situationer, en långsiktig och aktuell bildningsresurs som ständigt uppdateras.

**Lärande kommer inifrån**

Vi möts ofta av att det är tekniska hjälpmedel som är lösningen. Enligt min mening finns det alltid tekniska innovationer som kan förbättra moment i lärprocessen men den stora förbättringen är inte av teknisk art. Den ligger i att vi som individer i större utsträckning tar vara på vår inre kraft och motivation som den verkliga och alltid närvarande resursen. Därefter kommer beskrivandet och samtalet om kunskapens värde

**Att väcka elevens inre motivation**

Det kommer att göra skillnad när elever och lärare inser att de har dessa oanade inre resurser och förmåga till uthållighet. Denna inre motivation utvecklas när eleverna känner sig delaktiga och bekräftade. Har de själva varit med och formulerat målen uppstår en drivkraft som och driver dem vidare när arbetet upplevs som krävande. Verktygen för detta lärande finns i elevens förmåga att ställa frågor för att upptäcka de mönster som gör det möjligt att konstruera egna meningsfulla sammanhang.

Denna kunskap förtydligas i det välgörande metaperspektivet som växer fram under samtal och samarbete i studiegrupper inom lektionens ram.

## Läraren

Läraren är då ett föredöme genom att skapa en trygg och bekräftande undervisning som anpassar arbetet till elevernas nivå. Läraren berör och bekräftar elevernas kunskaper genom att berätta, problematisera och ge anpassade uppdrag som förankrar och ökar koncentrationen. I början av varje termin inleds med en inskolning, då man repeterar viktig kunskap i ämnena och tränar in frågebaserad studieteknik.

En sådan träning innehåller också moment som samarbete i studiegrupp, Grit-träning och undervisning om hälsosam mat och motion som ökar prestationsförmågan. Först då är det möjligt för läraren att skapa en meningsfull struktur i undervisningen. Telefoner stängs av under lektionstid och datortid begränsas till enskilt arbete utanför genomgångar. Med medveten lektionsdisposition ger sedan läraren tid för elevernas reflektion, stöd till egna sammanfattningar och anteckningar för hand. I studiegruppen inom lektionstiden bekräftas och kompletteras elevernas kunskaper.

## Eleven

Eleverna förbereder sig inför skolarbetet genom att skapa en balans mellan goda matvanor, motion och planerad studietid tillsammans med sina föräldrar. I skolan är det viktigt att de lär sig frågebaserad studieteknik och satsar på Grit-träningen och att lär sig att planera, samtala och samarbeta. Eleven ser det som självklart att telefonen inte är påslagen under lektionstid och att datorer inte är på under genomgångar om inte läraren har sagt det.

## Föräldrar

Vid varje läsårsstart är det viktigt att föräldrarna får information om hur de på bästa sätt kan stödja sina barn i hemmet. Genom en fortlöpande dialog med läraren om skolarbetet kan föräldrar stödja studierna i hemmet genom att satsa på Medelhavsmat, skapa studiero och hjälpa till med att genomföra frågebaserad studieteknik.

## Den hälsosamma livsstilen

Det är glädjande att kunskapen om livsstilens betydelse för hälsa, framgång i studier och arbetsliv har ökat de senaste åren. I böcker och media finns dock många kostförslag som ter sig motsägelsefulla. Men det finns alternativ som bygger på gedigen vetenskaplig grund utan kommersiell anknytning och det är dem refererar jag till. Där framgår att regelbunden motion och mat inspirerad av medelhavskost är viktiga bidrag för att förbättra hälsan både fysiskt och mentalt. 70).

## Budskapet är tydligt

Budskapet från kommersiellt fristående vetenskapliga undersökningar (Michael Greger "Konsten att inte dö") är det tydligt, att sjukdomar uppstår genom inflammationer som sänker immunförsvaret som orsakats av kost, för lite motion och rökning. Livsmedel som mjölk, ägg, rött kött, raffinerade livsmedel (färdiga rätter och sharkuteriprodukter) är ett exempel på detta. 71). Denna kost försämrar immunförsvaret genom att skapa inflammationer som i sin tur orsakar allvarliga sjukdomar. Det är värt att konstatera att kosten är den överlägset största orsaken till ohälsa och död tätt följt av rökning! 71) Minimera sockerintaget i drycker, ät mindre kolhydrater (är en form av socker) i form av sötsaker, vitt bröd, pasta, ris, pommes frites, (Insulin omvandlar sockerarter till fett.

### Grönsaker istället för mediciner

Mediciner är den tredje största dödsorsaken i USA och vi är på väg åt samma håll! Personligen har jag aldrig fått rådet av en svensk läkare att kosten kan ge samma eller bättre effekt än mediciner. Kunskapen finns om hur grönsaker, fet fisk, frukt, örter, frön, kryddor och nötter kan behandla sjukdomar bättre än mediciner även på lång sikt, utan biverkningar.

### Vad är då alternativet?

Genom att laga mer mat själva har vi bättre kontroll över vad vår mat skall innehålla. Om sedan skolmatsalar och personalmatsalar köper närproducerat som de kan kontrollera ursprunget till, kan de lättare minska förekomsten av konserveringsmedel, konsistensgivare, livsmedels-kosmetika, kosttillskott (tas upp sämre). Kost som bygger på mjölk, ägg, rött kött/biprodukter, extrakt och salt/nitrit kan då minskas till en mer hälsosam nivå. Ät istället mer fisk från certifierat fiske, grönsaker ex. grönkål, broccoli, blomkål, Ruccola, spenat, sallad och rädisa, rödbetor, sötpotatis och frukt, bär, kryddor (chili, kardemumma), örter (Aronia), nötter, linfrö(malda) samt bönor i alla former. 68). 71), 72), 73).

## Den dagliga motionens betydelse för hälsan

Stillasittande under arbete och fritid är ett allvarligt hot mot vår hälsa genom att immunförsvar, uthållighet, koncentrationsförmåga, blodkärl och sömn försämras. Då är risken stor att eleverna hamnar i "sockerfällan" för att kompensera känslan av trötthet och brist på uthållighet. "Allt fler barn får betala priset, med övervikt och risk för diabetes 2. Enkla åtgärder som att avbryta sittandet, att ta en bensträckare och göra stretchövningar kan göra stor skillnad. Gå alltid i trappor och motionera minst 40min om dagen. Här kan skola och utbildningar vara förebilder och erbjuda möjligheter till daglig motion samt informera om olika sunda alternativ när det gäller mat och motion. 68), 70), 71), 72),

70) Maj-Lis Helenius, 2016, 71) Mikael Greger, 2015, 72) Helena Nyblom, 2017, 73) Charles Clark, 2013, 68) Martin Ingvar, 2014. 83) Hellberg/Benedict 2013.

## Sammanfattning för bättre hälsa, mer energi och uthållighet

Avstå ifrån de inflammatoriska:

- Mjölk, ägg.

- Friterad mat, rött kött och kyckling.

**Minska mängden kolhydrater för att minska insulinutsöndring (lagra fett):**

- Vitt socker och läskedrycker kolhydrater i vitt bröd, ris, pasta, Cocos.

**Planera in tid för läxor, vila, motion och sociala kontakter samt träna regelbundet förhållningssättet GRIT.**

Satsa på de antiinflammatoriska:

- Drick vitt/grönt te och minska saltmängden.

- Ät fullkornsalternativ av bröd, (havre, råg, korn), pasta och ris.

- Ät mer grönsaker, frukt, bär, nötter och kryddor - gurkmeja o svart-peppar.

- Drick vatten och ät mer fisk (fet).

- Undvik stillasittande = vår tids rökning! Stå och arbeta, Motionera 40min om dagen, med något du tycker om!

- Odla samarbete och sociala kontakter under skoltid och i föreningsliv på fritiden!

**Förberedelser för bättre sömn**

- Måltidsinnehåll: Frukost är viktigast, lunch är näst viktigast och kvällsmat skall vara lätt. Rätt näring fördelas efter kroppens behov. Ät inte senare än tre timmar före sänggåendet. 83).

- Daglig motion i dagsljus påverkar dygnsrytm, humör och minskar stress.

- Trappa ner aktiviteter, undvik hård sen träning, ta en promenad istället.

- Ta inte med telefon eller dator till sovrummet. Stäng av mobilen under måltid, läxläsning och sömn.

- Ät en Kiwi, det aktiverar sömnhormonet melatonin

**Utbildning och samarbete**

Om Skolverket, politiker, rektor, lärare, elever och föräldrar studerar och samtalar om kostens och motionens betydelse för allas hälsa finns det förutsättningar att införa en mer sund livsstil. Då kan skolmaten och idrotten vara en bra plattform för att pröva och vänja sig med en mer aktiv och sund livsstil.

**Telefoner och datorer**

Telefoner och datorer förser oss med viktig information men samtidigt också inslag som stjäl tid, uppmärksamhet och förmåga till koncentrerat arbete. Det sker med subtila medel, vi översköljs av intryck mer eller mindre frivilligt, det handlar mer om att värja oss mot riktad reklam och digitala möjligheter än att välja på eget initiativ. Detta får naturligtvis konsekvenser för vår inre motivation, nätet har alltid en färdig lösning att erbjuda. Under denna påverkan minskar viljan att reflektera för att hitta personliga och kreativa lösningar och som i sin tur tenderar att förlägga arbetet till det begränsade arbetsminnet. En sådan kunskap är ytlig och kortsiktig samt leder till en fördumning därför arbetsminnet blir överbelastat. Kunskap lagras då inte långsiktigt, vilket leder till att eleven hela tiden måste börja om från början.

**Inskolning och repetition ger trygghet och tilltro till den egna förmågan**

Det finns många sätt att ta till sig kunskap och det är viktigt att eleverna får tillfälle att repetera viktiga kunskaper i de olika ämnena och förbättra sin studieteknik och förmåga att samtala och samarbeta i början av varje termin. Denna repetition är viktig för att eleverna skall kunna landa i ett medvetet skolarbete igen efter ett långt sommar- eller jullov.

## Föräldrar skapar en trygg miljö

I Hemmet håller föräldrarna igång det aktiva arbetet med att skapa arbetsro och balans mellan mat, läxor, fritid och vila. En utvecklad studieteknik som utgår från elevernas personliga behov, sätt att lära och de förutsättningar som finns i den miljö de befinner sig i. Det handlar inte om att lämna över ansvaret till eleverna, utan att föräldrar, lärare och elever delar uppdraget att reflektera och bygga upp egna meningsfulla kunskaper. 36).

## Riktade val utvecklar varaktig kunskap

En lösning är att träna på att göra medvetna och riktade urval som bygger på egen reflektion, erfarenhet och kunskap. Då aktiverar du långtidsminnets nästan obegränsade kapacitet och bygger upp en egen medveten och aktiv bildningsreferens som är användbar i fler sammanhang. En sådan vetskap höjer självförtroendet och underlättar när du skall välja ut värdefull information. Det leder till att du kan värdera värdet av mediers budskap och andras kunskaper bättre. .

## Berättelser och kreativa inslag berör och aktiverar inre motivation

Lärande är en långsam process som kan stimuleras och fördjupas av att eleverna får lyssna på berättelser och kreativa tolkningar av det kommande uppdraget. Se ref.28,29,33,58,67,69,78, Kahneman,2011.

Målet är att väcka och utveckla elevernas reflektion och lust att ställa frågor för att nyansera och fördjupa värdet av tillgänglig information. Unga behöver träna på att upptäcka vilka kreativa möjligheter ett ämne har och då är ett aktivt stöd från omgivning avgörande för att skapa bra och utförliga arbeten. Dessa möjligheter öppnas genom att eleverna blir berörda genom berättelser och får uppdrag som de löser tillsammans med andra under samtal och samarbete. I denna process är det viktigt att eleverna får beskriva vad kan och lär sig att lyssna och stötta andras berättelser. 25).

36) Dewey, Anna Forsell, 2005, 25) Vygotskij 1978, Se ref.28,29,33,58,67,69,78, Kahneman,2011.

**Negativ motivation motverkas genom samarbete**

Politiker och skolverk har formulerat en kravbild i läroplaner och kursplaner som förväntas bli uppnådd. Detta har skapat en betygshets, en övertro på provens pedagogiska värde, dokumentationskrav och konkurrens mellan elever, lärare och skolor har skapat en belöningskultur. Denna näringslivsfilosofi har resulterat i sämre kunskaper och i dess spår har det vuxit fram ohållbara genvägar med glädjebetyg (rektorer tvingar lärare att sätta högre betyg) och fusk på prov och en övertro på att datorer skall lösa problem. Krav kan bara vara meningsfulla om de motsvaras av de förutsättningar som krävs för att eleverna skall känna sig trygga.

**Lärarstudenter samtalar med forskare**

Låt Lärarutbildningen bygga på en samverkan mellan studier, vetenskaplighet och praktik. Erfarenheter från andra länder som exempelvis Finland, Sydkorea och Singapore har visat fördelarna med att vetenskapsmän och erfarna pedagoger följer och stöttar lärarutbildningen så att den präglas av ny hjärnforskning och beprövad erfarenhet. Det förutsätter att lärarstudenterna redan från början får samtala och samarbeta med forskare och att det praktiska arbetet i skolorna sedan följs upp på samma sätt. Först då kommer ett forskningsförankrat utvecklingsarbete vara möjligt att genomföra i skolorna. Starta också en utbildning i flera steg för föräldrar inför varje stadieövergång där de får lära sig hur de kan hjälpa till med att utveckla och stödja sina barns läsro och studieteknik i hemmet

**Träna på frågebaserad studieteknik från år ett!**

Låt eleverna träna frågebaserad studieteknik från första året i skolan och se den som en naturlig del av inskolningen. Ge den en form som präglas av ett hälsotänkande där det ges tid för fysisk aktivitet, sociala kontakter, studiero, bra kost och vila. Det är i balansen mellan de olika delarna som resultatet avgörs. .

Läxor skall ha som avsikt att ge tid för repetition och förberedelse av lektioner. Skolan skall se till att eleverna får läxhjälp i samband med skoldagen och att biblioteken hjälper till med informationssökning.

**Hur går det till när man söker kunskap med frågor?**

För att få användbara kunskaper är det viktigt att fundera på vad du kan och sedan reflektera över vad som saknas och var svaret kan finnas. Formulera sedan en fråga och som riktar sig mot ett aktuellt område. Tillförde det något nytt eller behöver resultatet kompletteras med fler frågor för att utveckla och fördjupa din förståelse.

**Reflektion aktiverar långtidsminnet**

När du ställer frågor och reflekterar aktiverar du långtidsminnets nästan obegränsade kapacitet. Kunskap som lagrats genom reflektion bygger upp en kunskapsreferens som kan anpassas till andra sammanhang. Lägger du sedan till dina sinnen kan du komma åt den i ännu fler situationer.

**Aktiva val skärper uppmärksamheten**

Långtidsminnet kopplas in om du lyssnar, ställer frågor och reflekterar. Aktiva val av sökområden och reflektion ökar sedan koncentrations-förmågan. Om du väljer att minnas utan att reflektera kommer din information att hamna i arbetsminnet som bara kan leverera snabba svar. Problemet med dessa kunskaper är att de bara lagras under kort tid. Det innebär att du måste börja om från början varje gång du ställs inför samma fråga.

**Aktiva val..**

När du arbetar med en uppgift:

När du arbetar med en uppgift underlättar det om du vet vad, hur och när du vill lära dig och då kan du ställa dessa "fasta" frågor, reflektera och besvara dem i tur och ordning:

- Vad vill jag lära mig?

- Varför vill jag lära mig det?

- Hur vill jag lära mig?

- Var hittar jag det?

- Vad kom jag fram till?

- Räcker det eller vad skall jag komplettera med?

När du ställer dessa frågor tvingas du till att vara aktiv och detta ökar din inre motivation och koncentrationsförmåga under längre tid. Du hamnar då i centrum för ditt lärande och din självbild förbättras, samtidigt som du klarar av att genomföra Grit-träningen och dess tydliga målbild.


När du lyssnar till en genomgång eller läser läxan:

När du lyssnar till en genomgång använder du den enklare frågeserien:

- Vad handlar det om?

- Vad kan jag?

- När kan jag använda det?

**Om datorers roll i lärandet**

Datorer har sin styrka i att du kan söka information, kommunicera, utforma texter samt redovisa på ett utvecklat sätt. De erbjuder också en möjlighet att träna enskilda moment i undervisningen eller ge en bra förförståelse i form av Flipped Classroom. Men datorer kan inte reflektera och skapa elevens personliga och meningsfulla sammanhang eller att utveckla läsförståelse. Elever som läser på datorer lär sig mindre än om de läst samma sak i en pappersbok. 56). När elever läser på en datorskärm eller mobil anpassar sig hjärnan till att uppfatta korta meddelanden och ge snabba svar från arbetsminnet. Detta gynnar kontakter på sociala medier och är en viktig kunskap. Men det ökar inte förmågan att lära på ett långsiktigt sätt. Där har hjärnan sin begränsning, för varje medie du tillför, försvinner hälften av förmågan att ta till sig ny info. 74),

**Läsning skall ta tid**

Läsning skall ta tid därför att det är ett ömsesidigt samarbete mellan läsare och författare. Bokens budskap blir då olika därför att det till hälften skapats hos läsaren. 74). Negativa effekter av arbete med datorer kan minskas om skolan utvecklar vanan hos eleverna att läsa böcker, anteckna och samtala om resultatet av sina erfarenheter för att få bekräftelse och kunna utveckla sitt lärande. När elever läser böcker (papper) lär de sig att läsa snabbt och kan utöka sitt ordförråd och ordförståelse samt att reflektera över innebörden på metanivå samtidigt som det ger förutsättningar att uppfatta mer komplexa sammanhang. Detta analoga arbetssätt utvecklar elevernas förmåga att komma ihåg bättre och lär sig att lyckas med sina uppgifter och att förstå andra människors tankar och intentioner. 76). 75).

**Att lyssna aktivt genom att frågor och reflektera**

Om eleverna lär sig att lyssna till talad information, ställa frågor, reflektera, sammanfatta och skriva ner det viktigaste under lektionerna har de lättare för att beskriva vad de lärt sig och kan lyssna till andra elevers berättelser. Lektioner som avslutas med arbete i studiegrupp ger eleverna träning i att samtala och samarbeta. Mot bakgrund av denna kunskap är det viktigt att minska ensamarbete vid datorer under skoltid och lyfta fram betydelsen av elevernas frågor, samtal och samarbete.

56) Tim Oats.2017, 74) Olof Lagercrantz 1986, 75) Klingberg 2007, 76) Nicolas Carr, 2010,

**Risken med mobiltelefoner**

Aktiva mobiltelefoner under lektionstid minskar förmågan att koncentrera sig och hålla kvar meningsfulla sammanhang. Vid varje avbrott i form av en ljudsignal eller ljussignal tar det 20 minuter att återfå full koncentration. Upprepade signaler inom detta intervall kan leda till att elevens koncentration aldrig återgår till full kapacitet under lektionen. Denna splittrade koncentration ger sämre kunskaper och leder till stress därför att arbetsminnet då lättare kan bli överlastat. 76)

**Träning av "Grit" ger bättre uthållighet och övertygelse om framgång**

Med tanke på de ökande av koncentrationssvårigheterna kan träning av "Grit" vara en tillgång. En person som har tränat Grit ger aldrig ger upp därför att de har satt upp egna tydliga mål, ställer frågor, samtalar, tar emot hjälp och vet genom erfarenhet att de kommer att lyckas. Dessa egenskaper kan läraren träna upp hos eleverna genom övningar i uthållighet och samarbete. Se kap. om Grit.

**Konsekvenser av medveten studieteknik**

Elever som tagit till sig frågebaserad studieteknik med hälsotema tar mer ansvar genom att de planerar in en balans mellan skola, fritid och läxor samt utnyttjar sina möjligheter till samtal och samarbete med andra. De har också lärt sig att de måste vara konsekventa i sin planering av studierna och ta emot den hjälp de kan få. De ser det också som naturligt att inte låta dator och mobiltelefon störa koncentrationen i skolan och under läxläsning och kommer att satsa på kost, motion och samarbete.

**Exempel:** I min praktik har jag upplevt att elever växer när de tar till sig frågebaserad studieteknik och deltar mer aktivt i en studiegrupps arbete. När Lisa kom till mig berättade hon att det var svårt att följa med på lektionerna, klara av uppgifter och läsa inför prov i god tid. Jag tränade in frågebaserad studieteknik och "Grit" med henne för att hon skulle bli mer uthållig och koncentrerad hemma och på lektionerna.

76) Nicolas Carr 2010.

Det stora lyftet kom när hon mer aktivt planerade och tog emot hjälp från läraren genom att ställa frågor, reflektera, berätta och samarbeta med kamraterna i studiegruppen. Då hände något viktigt. Hon tog själv ansvar, formulerade egna mål för sitt lärande och där förhållningssättet "Grit" var motorn som fick henne att aldrig ge upp. Det dröjde inte länge förrän hon ville klara sig själv utan hjälp från mig.

## Lärarens viktiga roll

Läraren är en viktig förebild och är navet i arbetet för att eleverna med stöd av föräldrarna skall utveckla en frågebaserad och hälsoinriktad studieteknik. Den dagliga påminnelsen och bekräftelsen på hur eleverna skall arbeta med det aktuella momentet är avgörande för att eleverna skall känna sig trygga i sitt lärande. Under lektionen disponerar läraren tiden så att eleven kan genomföra en bra studieteknik. 77).

## Läraren uppmuntrar till aktiviteter inom musik och idrott

Genom att uppmuntra eleverna till att lära sig att spela ett instrument eller att hålla på med idrott och föreningsliv kan läraren göra en viktig insats för en meningsfull fritid. Dessa aktiviteter har visat sig ge kraft och öka förmågan att koncentrera sig förutom att eleverna får träna sociala färdigheter och samarbete under ansvarsfulla former. Läraren undervisar sedan om hälsosam kost som höjer humöret och uthålligheten.

## Eleverna gör aktiva val

Låt oss börja med det viktigaste, eleverna måste vara pigga och koncentrerade för att orka ta till sig kunskap. De måste planera sina studier och tänka på sin hälsa och vad som passar för deras sätt att lära.

77) John Hattie 2012.

**Att lära sig efter hjärnans förutsättningar**

- Gärna aktivitet, men bara en sak åt gången. Stäng därför av mobilen under lektionen och använd datorn till infosök och redovisning utanför genomgångar.

- Välj fasta tider för kompisar, idrott, läxor och mat/vila.

- Reflektera, ställ frågor, sammanfatta/anteckna för hand och få bekräftelse på kunskap under samtal i en studiegrupp.

- Repetera ofta och skriv ner sammanfattningar under läsning. Ställ frågorna: Vad är det som är viktigt och varför?

**Hur sätter du igång?**

- Gör en plan för fasta lästider. Planeringen kan vara olika för veckans dagar.

- Det är viktigt att du har tid för kompisar, idrott, läxor och mat/vila.

- På helgerna ser du till att du läser/lyssnar på böcker.


**Hur kan du förbereda dig inför nästa lektion?**

I slutet av varje lektion tar du reda på vad nästa lektion kommer att handla om och förbereder dig genom att repetera och översiktsläsa kommande avsnitt i boken eller klassens Facebook-sida eller Flipped Classrooms-sida.

- Tänk ut frågor till nästa lektion som du vill ha svar på.

**Översiktsläsa**

Dagen innan lektionen tittar du på rubrikerna, läser de första textraderna i varje stycke, skaffar dig en uppfattning om vad texten innehåller och tittar på bilderna samt slutligen ställer frågor på innehållet inför varje lektion.

**Hur gör du på lektionen? Du lär mer om du är aktiv och frågar**

Efter översiktsläsningen vet du vad lektionen kommer att handla om och har frågor som du ställer till läraren vid lektionsstarten. När du fått svar på dina frågor är det lättare att förstå när du lyssnar på lärarens genomgång.

**Fortsätt att vara aktiv genom att ställa dessa frågor:**

- Vad handlar det om?

- Vad kan jag?

- När kan jag använda denna kunskap?

- Sammanfatta och skriv stolpar om vad du lärt dig.

- Ta reda på vad nästa lektion kommer att handla om.

- Ta med anteckningarna till studiegruppen, beskriv dem och samtala om vad ni lärt er under lektionen.

**Läxor utjämnar skillnader**

Läxor utjämnar skillnader i elevernas hemmiljö därför att läxorna skall vara en repetition och frivillig fördjupning. Föräldrar ser till att det finns ro att göra dem i hemmet under bestämda tider och uppmuntrar till fysisk aktivitet samt satsar på hälsosam mat och vila. Skolan ansvarar för att läraren får i uppdrag att redan under lektionstid förbereda eleverna på hur läxan skall göras. Och att rektor ser till att det ordnas läxhjälp på skolan i anslutning till skoldagen eller i bibliotekets regi. Detta förhållningssätt är en inskolning inför gymnasiet, där den självständiga förmågan att planera, förbereda sig och genomföra sitt arbete ställs på sin spets. Då finns det förutsättningar att minska stress inför de högre krav som måste ställas i gymnasiemiljön.

**Hur läser du läxan?**

Läs så långsamt så att du hinner reflektera och sammanfatta varje stycke med hjälp av frågor. "Prata med den" genom att ställa frågorna:

Vad är det som är viktigt? Varför är det viktigt?

- Stryk under det viktigaste.

- Läs det understrukna och förklara varför det är viktigt.

- Reflektera och ställ frågor så kommer du ihåg bättre. Du har nu lagrat din kunskap i långtidsminnet som kan ta emot nästan obegränsat med information.

**Inför ett prov**

När du får reda på provtider gör du en plan över när du skall läsa:

- Du läser bara understrykningarna för där finns ditt val av det viktigaste:

- Ställ frågorna: Vad är det som är viktigt och Varför?

- Skriv en sammanfattning av understrykningarna. Varje bearbetning av det viktigaste gör att du kommer ihåg bättre.

- Du kan också låta en kompis eller någon i familjen ställa frågor, då tvingas du att sammanfatta det viktigaste.

**Varför lär du dig bättre på detta sätt?**

Om du tar hänsyn till hur hjärnan arbetar kommer du ha lättare för att koncentrera dig och lära dig mer. Denna kunskap blir då mer hållbar. När du när du läser långsamt, ställer frågor, reflekterar, sammanfattar, skriver ner för hand och aktiveras fler delar av hjärnan. På detta sätt aktiveras ett samarbete mellan arbetsminnet och långtidsminnet (som innehåller tidigare kunskap) som lagrar den nya kunskapen på lång sikt. Långtidsminnet är kraftfullt och klarar att lagra mer än arbetsminnet [78].

78) David Kahneman 2015

Väljer du att lyssna passivt och försöker komma ihåg, arbetar du bara med arbetsminnet som har liten kapacitet och snabbt blir stressat. Du kan då uppleva det som att du har koncentrations-svårigheter! Du klarar mer och blir mindre stressad om du fokuserar och riktar uppmärksamheten med frågor för att aktivera långtidsminnet.

**Palatsrevolution!**

Undervisningen är av nödvändighet en spegling av Skolverkets intentioner. Är tanken att ökade krav, konkurrens mellan elever, lärare och skolor, mer dokumentation och täta prov samt undervisning i programmering av datorer under tidigaredelen skall vara ett framgångsrecept. Erfarenheter har bevisat motsatsen!

Då är det dags att göra "Palatsrevolution"! Tona ner den provfixerade formen av formativ bedömning, satsa på frågebaserat lärande med hälsotänkande. Lärare och lärarstudenter, ställ krav på samarbete med forskare som arbetar med en pedagogik som tar sin utgångspunkt i beprövad erfarenhet, aktuell hjärnforskning och goda exempel runt om i världen.

# Samtalet

**Sarah** Hälsotemat är bra, det tror jag på. Har själv börjat äta mer grönsaker, frukt, och mindre vitt socker. Det känns att gör skillnad, känner mig faktiskt piggare och orkar mer.

**Peter** För mig är det självklart, vi måste äta mer hållbart, väljer vegetariskt när det går och undviker socker i alla former.

**Sarah** Vi måste också lära eleverna att röra på sig mer.

**Peter** Det borde vara självklart att ortens Idrottsföreningar bjuds in till att ha korta idrottspass på rasterna flera gånger i veckan!

**Sarah** Har du jobbat med frågor som JanErik beskriver? Jag har alltid ställt frågor, men de har jag riktat till läraren. För mig är det nytt att rikta dem medvetet, svara på dem själv och sedan reflektera för att bygga upp ett eget meningsfullt sammanhang.

**Peter** Jag tror att JanErik vill att vi skall tänka efter mer på hur styr våra frågor för att avslöja syftet och vad som är användbar kunskap i olika källor.

**Sarah** Det var intressant att du kan styra arbetsfördelningen mellan arbetsminnet och långtidsminnet! Det förklarar vad det beror på när man blir stressad. Vi kan få bättre effekt på vårt lärande om vi själva är aktiva för att avlasta arbetsminnet. Den här varianten av studieteknik är ett bra sätt att börja det arbetet.

**Peter** Det är väl mer än så, här är frågorna sökmotorer på ett smart sätt. Sedan tycker jag att det här med studiegrupper är intressant, det är bra att beskriva vad man lärt sig och att lyssna på andra.

**Sarah** Självklart, det finns mycket mer, som att det gammaldags sättet att läsa pappersböcker, ställa frågor, reflektera, anteckna för hand, repetera och lära sig utantill, att det skulle vara så hjärnan jobbar bäst, är tydligen det senaste! Fokus i lärandet skall flyttas till eleverna för att de skall skapa egna sammanhang i långtidsminnet.

**Peter** Jag tycker att vi lärare måste bli bättre på att träna studieteknik, det finns så många vinster med det och att vi själva är goda föredömen tror jag är otroligt viktigt.

**Sarah** Jag tycker styrkan med boken är att den blandar bra gammalt med det senaste och presenterar en vettig kompromiss av det.

# Kapitel 11

# Lektionsdisposition

- Varför är det så viktigt planeringen av elevernas lärande utgår från hur hjärnan är konstruerad för att lära?

- Varför berör och bekräftar undervisningen om läraren utgår ifrån var eleverna befinner sig i sitt lärande?

- Varför är berättelser, problematiseringar och uppdrag så viktiga för att bekräfta och göra eleverna delaktiga i lektionens tema.

- Varför skall läraren ge eleverna tid för att ställa frågor, reflektera, anteckna för att kunna skapa egna meningsfulla sammanhang?

- Varför skall man träna på att beskriva och samtala om värdet av den egna kunskapen i en studiegrupp?

Här beskrivs lärarens anpassning av lektionen för att möta elevens behov av struktur och tid för egen reflektion, samtal, samarbete med klasskamrater och bekräftelse av den egna förmågan.

**All planering skall utgå från hjärnforskning och beprövad erfarenhet**

Lärarens och elevernas planering av sitt arbete skall bygga på beprövad erfarenhet som formulerats av pedagoger, filosofer och psykologer samt hjärnforskare. Vad säger då hjärnforskarna om hjärnans förutsättningar att lära på ett mer utvecklat och hållbart sätt? De menar att det handlar om att skapa en dialog mellan den snabba, samordnande och ytliga nivån i arbetsminnet och den mer trögstartade djupare nivån i långtidsminnet. Detta processande uppstår lättare om eleverna gör aktiva val och ställer frågor och reflekterar för att relatera den nya kunskapen till egen erfarenhet.

Eleverna har då byggt upp en egen bildningsresurs i långtidsminnet som går att anpassa och tillämpa i många sammanhang. [29].

29) Kahneman 2011

## Undervisningen skall beröra och aktivera utifrån elevernas förmåga

Undervisningen skall ha som mål att beröra och aktivera elevernas inre motivation och självständiga reflektion. En sådan lektion skall planeras så den inger eleverna en känsla av att vara delaktiga och behövda i det pågående arbetet. Det är särskilt viktigt att de får delta i samarbetet utifrån den utvecklingsnivå de befinner sig på, under klassamtal och arbete i studiegrupper. 29). Kahneman,2011

### Hjärnan kommer ihåg berättelser

Hjärnan har lättare för att komma ihåg om fakta och kunskaper som presenteras i form av en berättelse. Det beror på att kunskap då lagras på fler ställen i hjärnan. En berättelse innehåller bilder, intryck, känslor som lättare anknyter till tidigare erfarenheter. Då skapas fler ingångar och möjligheter att skapa kontakt med olika typer av information. 31)

### Läraren som en tydlig modell

Läraren skall uppträda som en tydlig modell genom att vara en påläst, strukturerad, entusiastisk och bekräftande ledare. Elevens uppdrag består då i att ta till sig den frågebaserade studietekniken och delta efter förmåga i samtal och samarbete med lärare och klasskamrater. Den önskade fördjupningen kan då uppnås genom egen reflektion och aktivt deltagande under klassrumssamtal och samarbete i studiegrupper. 77)

### Eleverna inskolas i skolans teoretiska tolkning av omvärlden

Undervisningen i skolans värld är till sin karaktär en teoretisk version av verkligheten utanför klassrummet. Läraren gör en tolkning och viktar/ anpassar innehållet i kursplaner och läroböcker så att eleverna känner sig berörda och aktiverade på den nivå de befinner sig samtidigt som de lär sig fördelarna med det teoretiska metaperspektivet för att förstå olika företeelsers roll i viktiga sammanhang.

31) Gärdenfors 2006, 2010, 77) Hattie 2012.

**Läraren tränar eleverna i studieteknik och Grit**

Detta uppnås genom att läraren inleder varje termin med träning av frågebaserad studieteknik, samarbete och samtal i studiegruppen. Uthållighet tränas upp med förhållningssättet "Grit" 20) Vid varje terminsstart/inskolning och fortlöpande under terminen. Återkommande studiebesök och praktik görs på institutioner och företag som har ersättning för sin viktiga samhällsinsats. Eleverna får då mer då mer naturliga förutsättningar att lära sig och förstå verkligheten i arbetslivet.

**Varför är egen aktivitet och bekräftelse från andra så viktig?**

Hemligheten ligger i att göra aktiva val, ställa frågor och sedan reflektera för att konstruera egna meningsfulla sammanhang. Nästa steg är pröva hållbarheten av den egna kunskapen genom att lära sig att beskriva och samtala om dess värde tillsammans med klasskamrater i en studiegrupp. När du söker information och bearbetar på detta sätt konstruerar du självständigt en egen version av kunskapen som bygger på vad du kan och hur du väljer att tolka den. När du gör det, aktiverar du långtidsminnets förmåga att hålla kvar din kunskap under lång tid.

Du har nu byggt upp en bildningsresurs som kan knytas till många olika områden, situationer och behov. För att knyta samman dessa förutsättningar kommer jag nu att beskriva hur läraren kan styra arbetet i klassrummet med sin Lektionsdisposition.

# Lektionsdispositionens delar

**Viktning av lärostoffet:**

Läraren prioriterar vad som är bärande ämneskunskaper och tonar ner andra delar som presenteras mer övergripande. Detta urval skapar utrymme för fördjupning och bekräftande samtal studiegrupper.

Dylan Wiliam: *"Den lärare som väljer att vikta lärostoffet genom att gå så långsamt fram att alla elever kan följa med och förstå på sin nivå, får elever som lyckas bättre på proven".* 43)

**Frågebaserad studieteknik med hälsotema:**

Läraren samtalar och tränar eleverna i frågebaserad studieteknik för att befästa detta arbetssätt. För att stödja eleverna tar läraren fortlöpande upp moment som stöder detta förhållningssätt.

**Grit:**

Att studera framgångsrikt kräver uthållighet, tydliga mål och ett hopp om att lyckas om man aldrig ger upp och ser misslyckanden som ett sätt att lära sig mer. Dessa elever är övertygade om att de kommer att lyckas. Detta förhållningssätt tränas i början av varje termin med speciella övningar. 20)

**Berättelse**

Hjärnan bygger upp kunskap genom att skapa meningsfulla sammanhang i form av berättelser och kreativa inslag. Faktauppgifter ingår då på ett naturligt sätt för att skapa struktur och mening. Det som från början tedde sig svårt att lära sig får nu en ny mening, blir mer närvarande, begripligt och lättare att komma ihåg.

43) Wiliam, 2013. 20) Duckworth 2017

**När du uppfattar mönster börjar du förstå.**

Skolarbetet skall ha som mål att eleverna lär sig att uppfatta mönster i den information de möter under lektioner eller under eget arbete, det är ett tecken på att de förstått på ett mer övergripande plan. 43) Wiliam, 2013. 20) Duckworth **2017**. Kunskap som ingår i ett mönster går också att knyta an till i fler sammanhang. Bara upplevelsen att själv sammanställa egna meningsfulla samman-hang förbättrar självbilden. Denna förmåga till överblick lär sig eleverna genom att läraren fortlöpande ger exempel på hur det går till så att det blir ett naturligt inslag under lektionen. 3).

**Lekfullhet och kreativitet**

Många elever har "trösklar" övervinna när de skall inleda ett arbete enskilt eller i grupp. Då kan lekfulla inslag vara ett sätt att komma runt sådana låsningar. Genom att prata om en parallellföreteelse eller byta ut huvudpersonen och fabulera om som kommer att hända med de nya förutsättningarna slappnar dessa elever av och upptäcker då lättare hur de skall ta sig an den tidigare så svåra uppgiften.

**Problematisering**

Om läraren sätter in den aktuella kunskapen i en för eleverna bekant miljö och samtidigt ger eleverna en problematisering och ett uppdrag att lösa känner de sig berörda och inbjudna till att delta. Under samtalet med klasskamraterna om en lösning på det gemensamma uppdraget kommer då att bli en inkörsport som avdramatiserar svårigheten i lektionens tema som förbättrar koncentrationsförmågan.

**Mindbreathing**

Gör korta pauser på fem sekunder vid begrepp, fakta eller viktiga sammanhang, så att eleverna kan ställa frågor, reflektera och skriva stolpar. Då kommer de att upptäcka att det är lättare att hålla uppe koncentrationen och intresset för lärarens genomgång.

3) Gärdenfors 2010.

## Motverka glömskeprocessen

Stanna upp och repetera under genomgångar var åttonde minut, gör en sammanfattning och blicka framåt genom att tala om vad som saknas på ett spännande sätt. Då hinner eleverna att sammanfatta det viktigaste och ställa de viktiga frågorna och skriva ner stolpar: Vad handlar det om, vad kan jag och när kan jag använda det? 10 minuter har visat sig vara en gräns, därefter bör repetition ske annars riskerar kunskapen att försvinna efter hand. 49).

### Läxornas betydelse för att förstärka lärandet

Läxornas viktigaste funktion är att ge tillfälle för repetition av dagens kunskapsinnehåll innan glömskeprocesserna sätter in. Den gamla devisen: *"Repetition är all kunskaps moder"*, gäller i högsta grad även för dagens elever. Genom att stanna upp och samla det viktigaste från dagens lektioner och under arbete i studiegrupper är det möjligt att ge all ny information ett personligt och meningsfullt kunskapssammanhang. På så sätt byggs en aktiv bildningsresurs upp som är användbar vid fler tillfällen. Från de tidiga åren är det avgörande för framgången i skolarbetet finns ett behov att öva på skrivning av stolpar och att öva läsning/läshastighet.

### Läxor som förberedelse inför nästa lektion

Läxor skall också ge eleverna tillfälle till förberedelse inför nästa dags lektioner, genom översiktsläsning och bearbetning med frågor och kort reflektion som kan tas med till nästa dags inledning av lektioner. All inlärning underlättas om eleverna har med sig en egen uppfattning som prövats genom formulerande av frågor. Det finns ett kreativt trygghetsmoment i att känna till vad lektionen skall handla om. Frågorna som skall ställas för att fortlöpande bearbeta den nya informationen. Eleverna blir då mer medvetna och utvecklade i sin roll som aktiva och koncentrerade elever.

### Läxor som utjämnar skillnader i hemmens studiemiljö

Politiker vill gärna tala om att alla läxor skall göras i skolan för att utjämna skillnader i hemmens studiemiljö. Denna tanke gäller om läxorna enbart ges för att ta igen moment som inte hunnits med på lektionerna.

49) Herrman Ebbinghouse 1885,

Detta moment skall mycket riktigt lösas under ordinarie skoltid eller direkt i samband med skoldagens slut genom läxhjälp på skolan eller på närmsta bibliotek. Det vittnar också om en brist på kunskap hos politiker och tjänstemän om lärandets villkor, som får allvarliga konsekvenser när eleverna kommer till senaredelen av skolsystemet. Dessa elever kommer att underprestera på grund av att de inte efterarbetar sina lektioner innan glömskeprocesserna inträder och de kommer till lektionerna sämre förberedda. Då kan vi verkligen tala om att ge eleverna ojämlika villkor.

**Alternativ för att lösa läxuppdraget**

Lärarna har här en viktig uppgift som handlar om att träna eleverna i att ta egna initiativ i sitt lärande genom att träna dem i att utnyttja studiegrupperna för sammanfattningar och repetition av genomgångna moment. Under läxhjälpstid på skolan/biblioteket kan sedan eleverna få hjälp att förbereda sig inför de kommande lektionerna. På så sätt finns det stora möjligheter att lösa det uppdraget. 79).

**Arbete i studiegrupper**

Det är en sak att lyssna och ställa frågor, men det är först när eleverna sammanfattat, antecknat och beskrivit för andra som de upptäcker värdet av egen kunskap och vad de kan lära sig av andra. Med ett sådant arbetssätt går lättare att uppfatta det viktiga i den nya informationen och förstå dess värde i de sammanhang som läraren vill förmedla. Arbetsminnet och långtidsminnet har på detta sätt engagerats i en medveten form av samarbete. 25).

**Lärarens pedagogiska samtal.**

Pedagoger behöver stämma av med sina kollegor för att få respons och bekräftelse på sina tankar och arbete. Under samtal kan möjligheter och begränsningar lyftas fram i det egna och kollegornas arbete. Denna bekräftelse ger ett viktigt metaperspektiv på den egna pedagogiska kompetensen och är ett viktigt led i den goda pedagogens arbete. Det är viktigt att rektor är införstådd med betydelsen av dessa samtal och avsätter planeringsfri tid.

25), Vygotskij/Partanen, 2009, 79) Björn Liljeqvist, 2006

# Lektionen

### Förförståelse

Lektionen förbereds hemma av eleven genom en översiktsläsning och formulerande frågor till texten i boken eller det material som den kommande lektionen skall handla om. Hit hör även att titta på Youtubklipp eller Flipped Classroom inslag och chatt om det finns tillgång till ett lämpligt exempel.

### Bekräfta elevernas frågor

Eleven har översiktsläst innehållet i dagens lektion dagen en innan. Läraren inleder lektionen med att besvara elevernas frågor från arbetet med förförståelsen och bekräftar värdet av dem. Utformningen av frågorna och svaren ger en bild av var eleverna befinner sig och kan vara en värdefull information inför den kommande lektionen.

### Lyft fram betydelsen av att eleven är aktiv

Eleverna lär sig mer om de blir bekräftade i sitt arbete att ställa frågor och själva söka svar. Samtidigt som de på eget initiativ upptäcker vilka kunskaper de behöver komplettera med. Detta förhållningssätt ger också en vana att hitta egna sökvägar.

### Uppmana eleverna att reflektera och skriva stolpar

När eleverna uppmuntras till att ställa frågor till sig själva och läraren, reflektera och sedan skriva stolpar i kortfattad form har de lättare för att beskriva vad de lärt sig under lektionen. Senare under samtalen i studiegruppen kan de då lättare utveckla och skapa egna meningsfulla sammanhang som kan lagras i långtidsminnet.

**Exempel:** Repetition

**En berättelse: exempel från en lektion i el- och energilära på gymnasiet**

Läraren Joakim Simonsson berättar kort om en upplevelse som anknyter till lektionens tema.

"Vid ett tillfälle fick jag i uppdrag att åka till en villa på bergsvägen för att installera en tvättmaskin i källaren".

**Problematisering skärper uppmärksamheten**

Sedan följer en problematisering som sätter igång elevernas funderingar över innehållet i den kommande lektionen. Det kan vara i form av en översikt av förutsättningarna och en fråga som ringar in uppdraget.

"När jag kommer dit upptäcker jag att källaren är fuktig och att matarledningarna och el-centralen är gamla".

**Problematisering:**

*"Kan jag installera en tvättmaskin där"?*

Därefter: Att få ett uppdrag lyfter fram elevernas förförståelse

Ett uppdrag skall vara kort men ge en bild av att läraren har stor tilltro till elevernas förmåga att komma med enkla förslag.

**Uppdraget:**

*"Beskriv hur ni bör arbeta".*

Eleverna får sitta två och två och samtala om hur det skall lösa detta uppdrag.

**Uppföljning med ett klassamtal**

Under det efterföljande klassamtalet får de sedan pröva sina förslag tillsammans med de andra grupperna. Eleverna får nu höra exempel på alternativa lösningar men får också sin kunskap bekräftad.

## Lektionens tema tar nu vid

Hur man installerar man maskiner i fuktiga utrymmen? Lektionens inleds nu med den förutsättningen att läraren vet var eleverna befinner sig i sitt lärande och att eleverna känner att de kan bidra, vilket gör att de är mer motiverade att vara mer uthålliga, aktiva och koncentrerade.

### Mindbreathing

Stanna upp, gör ett kort uppehåll på fem sekunder när du vill att eleverna skall ställa de tre frågorna:

- Vad handlar det om?

- Vad kan jag?

- När kan jag använda det?

Därefter reflekterar eleverna över resultatet och skriver stolpar.

### Paus var åttonde minut

Gör en paus under lektionen var åttonde minut - sammanfatta och ge en spännande beskrivning av nästa moment. I långsiktigt lärande är det viktigt att eleven får tid och inspirerande inslag för lockas till att delta med eget konstruktionsarbete. Om läraren sammanfattar regelbundet blir det naturligt för eleverna att ta efter detta arbetssätt.

### Avsluta med en större sammanfattning

Sammanfatta hela lektionen med tanke på att eleverna skall samtala om vad de lärt sig och uppmuntra dem till att reflektera vidare under samtalen i studiegruppen.

### Påminnelse om förförståelse:

Påminn eleverna att de skall göra en översiktsläsning för att få en förförståelse inför nästa lektion. Påminn också om att de skall bearbeta texterna med frågor och reflektera samt ställa nya frågor som de skall ta med sig till nästa lektion. Gör reklam för läxhjälp för att avdramatisera och göra det till ett naturligt inslag i skolarbetet.

**Arbete i studiegruppen**

Lektionen avslutas med arbete i organiserade studiegrupper. Alla skall få tillfälle beskriva vad de uppfattat av lektionen. Arbetet i studiegruppen har tränats in i början av terminen så att alla elever förstår värdet av att själv beskriva och sedan lyssna på vad de andra har uppfattat som viktigt. Att lära sig att berätta och kunna lyssna på andra kräver övning.

# Samtalet

**JanErik** För att eleverna skall lyckas med att ställa frågor och reflektera självständigt krävs det att läraren ger dem tid och bekräftelse så att de klarar av att bygga upp sin kunskap i egna meningsfulla sammanhang.

**Sarah** Vilket ansvar vi har för att ge utrymme och stöd åt elevernas frågor och reflektioner!

**Peter** De är ju helt beroende av att vi är goda förebilder som tränar dem i att vara aktiva och ställa frågor. De kommer då att upptäcka hur spännande det är att undersöka och bedöma värdet av aktuell info och välja ut vad de skall lära sig.

**Sarah** Det finns inte på kartan att yttre motivation från datorer och telefoner kan lösa detta!

**JanErik** Det finns en övertro på att eleverna kan utveckla sitt lärande på egen hand. Läraren skall vara närvarande för att bekräfta, men också för att föra en dialog med eleverna så att de undviker att hamna i återvändsgränder. Läraren kan också föra samman elever som har valt liknande ämnes-upplägg.

**Peter** Eleverna behöver hjälp för att lyckas med att rikta sin uppmärksamhet och konstruera de viktiga sammanhang som gör dem mer självständiga i sina bedömningar av ny information.

**Sarah** När jag ställer frågor tycker jag att det händer något magiskt, att själv hamna i centrum, bli chefen som jobbar för att infon skall få ett mönster - när det inträffat har jag förstått uppgiften efter mina förutsättningar. Anteckningarna tvingar mig att göra en sammanfattning, att formulera hur, som gör att jag kommer ihåg bättre.

**JanErik** Upplevelsen att själv stå för det viktiga, att söka, beskriva värdet och sedan sammanfoga det till något användbart är alltid en kick som föder en kreativ nyfikenhet.

**Peter** När eleverna jobbar så, blir det naturligt att ha en förförståelse och viktiga frågor med sig när de kommer till lektionen.

**Sarah** Vilken skillnad de blir att ta emot sådana elever och vilken bekräftelse jag kan ge dem!

**JanErik** Det blir en positiv spiral, när eleverna märker att du också tycker att det är spännande blir deras insats bekräftad.

**Peter** Det blir ju också ett samarbete på mer lika villkor därför att vi tar ett gemensamt ansvar.

**Sarah** Det låter komplicerat, för att det är ett nytt sätt att beskriva vad som händer men om jag skulle beskriva hur jag jobbar nu, skulle det också verka invecklat.

**Peter** Det är väl det som är metaperspektivet, att samtidigt som arbetar försöker du förstå var befinner dig och vad du behöver veta mer av. Då har vi också helt andra möjligheter att förändra vårt arbetssätt.

**Sarah** Bara det att lägga in tid under lektionen så att eleverna hinner ställa frågor, reflektera och hinna anteckna, det är något som jag skall ta till mig!

**Peter** Och att sammanfatta med jämna mellanrum är också bra, det avdramatiserar och gör att eleverna hinner anteckna mer och bättre.

**Sarah** En annan sak som jag tyckte var bra var att vi skall berätta mer och problematisera oftare innan eleverna får uppdrag. Det är egentligen självklart men det görs inte konsekvent.

**Peter** Grit - träning var lite nytt för mig, men nu skall jag pröva det.

**JanErik** Tänk på att eleverna måste hjälpa varandra med träningen, det kommer sedan att bli lättare att begära hjälp från en klasskamrat som man tränsat GRIT med!

# Grit – Konsten att aldrig ge upp!

- Varför stärks positiva självbilden om eleverna formulerar sina mål och lär sig att kämpa tills de är lösta?

- Varför orkar eleverna mer om de får träna på att inte ge upp och varför kan detta vara ett bra exempel på samverkan mellan inre och yttre motivation?

- Varför lyckas eleverna bättre när de får träna på att be om hjälp och att samarbeta?

**Framgångsrikt lärande handlar om att träna in bra förhållningssätt**

**Angela Duckworth** professor i psykologi "Grit":

Hjärnan kan förändras av medveten träning av uthållighet utan att vara beroende av belöningar. Barn behöver lära sig att de måste anstränga sig för att klara svåra uppgifter, de skall förstå det nödvändiga i att misslyckas och se det som ett sätt att lära och bli mer uthållig. Duckworth konstaterar att det en människa uppnår hänger mer på att veta vad man vill, ha en riktning som utgår från egen vilja och uthållighet än på medfödd förmåga. Där finns ett dynamiskt förhållningssätt som bygger på att om jag anstränger mig kommer jag att få en bättre framtid där jag mer aktivt kan välja vad jag vill göra. En sådan ansträngning bygger upp skickligheten och blir produktiv. Om man gör något om och om igen blir det som var svårt plötsligt lätt.

Vår hjärna är förändringsbenägen, vi förändras när vi behöver det. Om vi tränar medvetet och uthålligt bygger en sådan process på intresse, genomtänkt syfte, övning, och en övertygelse om att man kommer att lyckas om man verkligen är uthållig och aldrig ger upp de egna målen. Det är få saker som kan mäta sig med glädjen i att förverkliga sin potential. Intressen måste väckas på nytt, om och om igen, genom att fortsätta ställa frågor och låta svaren leda till andra frågor. Ett intresse har inte uppstått av en tillfällighet därför är de viktiga att utgå ifrån.

Begränsningar är ofta självpåtagna. Be om hjälp, leta rätt på andra målmedvetna personer som delar ditt intresse, ett sådant samarbete leder till utveckling. När du övar och får handledning kan du förändra ditt sätt att tänka, känna och framför allt att ha ett positivt förhållningssätt när du möter motgångar. Personer som övar målmedvetet för att bli mer uthålliga får mer belöningar i form av en känsla av flyt, där de egna förmågorna motsvarar kraven. Anledningen till framgångarna var att Grit är relaterat till hjärnans motivationssystem och förändrar ditt arbete efter dina förutsättningar.

**Hur kan vi träna upp elevernas inre motivation och uthållighet?**

Tillsammans med en av mina söner har jag tränat in en målmedvetenhet och uthållighet som varit ett stöd under hela skoltiden och universitetet. Som förälder kändes det som en självklar insats för att stärka hans studieförmåga. Det räcker inte med att säga att lärande handlar om hårt arbete, eleverna måste först få tillfälle att träna på att sätta upp realistiska och lagom utmanande mål.

Därför skall utvalda uppdrag bearbetas om och om igen tills målet är nått med stöd av lärarens och klasskamraternas reflektioner. Detta förhållningssätt är inte självklart och Grit-träning kan då vara ett alternativ. Att arbeta med GRIT – anda kan till och med beskrivas som ett personlighetsdrag som eleven väljer att gradvis träna upp med stöd av en bekräftande omgivning. Det innebär att eleverna skapar tydliga mål, aldrig ger upp och misslyckanden ses som ett sätt att lära sig mer. På sikt skapas också en vana att uppsatta mål skall nås. En sådan beskrivning passar väl in på mitt sätt att förhålla mig till mina uppgifter.

Men det har också präglat mitt arbete med eleverna som lärare och specialpedagog. När jag lyckats förmedla detta förhållningssätt till eleverna har det gjort stor skillnad för elevernas självbild och delaktighet. Samtidigt ökade också deras vilja att samtala och samarbeta med sina klasskamrater.

**Förhållningssättet Grit:** Torkel Klingberg hjärnforskare:

En person som tagit till sig Grit genomför sin uppgift på ett engagerat och fokuserat sätt för att genomföra långsiktiga mål. Trots motgångar på vägen släpper man inte ambitionen att lyckas med det man föresatt sig. Denna beslutsamhet kan beskrivas som gry, kämparanda, kurage, driv, sisu eller helt enkelt jävlar anamma. Ett sådant förhållningssätt utgår från en inre motivation som är framgångsrik utan yttre negativ motivation i form av konkurrens eller stora utslagsgivande prov och betyg. Det handlar om att träna eleverna tills de kan satsa på de egna resurserna och ta emot och utveckla den hjälp som lärare och klasskamrater kan ge, utan att någonsin ge upp. 82).

### Inre drivkraft

Grit tar upp en annan aspekt på lärande som bygger på något mer än intresse och vad som är roligt. Kämpa i motgångar, trots att det tar emot. När en elevs förutsättningar beskrivs, talar man ofta om IQ som grund för framgång. I det här fallet spelar den inre drivkrafterna större roll än olikheter i barnens inlärningstakt. I Asien talar man om att alla kan lära, att det handlar mer om inställning och uthållighet än IQ nivå. 57).

**Grit har präglat mitt liv privat och min undervisning.**

Exempel: Att inte ge upp

Under min tid som ungdomstränare i friidrott hade jag hand om Patrik 13 år. Vi talade ofta om att skapa en bild av oss själva som personer som aldrig ger upp. Patrik gav intryck av att sakna de yttre förutsättningarna. Men han bestämde sig för att aldrig någonsin ge upp sina mål.

Vid ett tillfälle skulle vi träna intervaller mitt i vintern med fem minusgrader och iskall blåst. Patrik kämpade vidare även om han ibland stapplade fram i snigeltakt. Han hade bestämt sig att motstå alla impulser att ge upp när det tog emot. Som tränare bekräftade jag hans inställning, även det minsta lilla försök att prestera mer. Med tiden blev han en mycket duktig 1500 m löpare som gick till final i ungdoms-SM.

**Styrkan i Patriks inre motivation**

Förutsättningarna talade emot Patrik men det här handlar mer om att han, hade bestämt sig för att lyckas. Han behövde bli bekräftad och få tillfälle att tala om sina prestationer.

57) Grit Angela Duckworth 286 – 291, 82) Torkel Klingberg 138 – 154, 2016.

127

Ett sådant förhållningssätt minskar beroendet av att känna lust inför vissa delar av en uppgift. Elevens arbete bygger då istället på given plan och en inställning som alltid fullföljs. Alla elever kan ta till sig Grit som i fallet Patrik men de behöver träna på att ta till sig detta. Det skall vara en naturlig del av skolarbetet att läraren tränar sina elever i att tillämpa Grit-inställningen.

## Träna Grit

Klassen har då lektioner där man tränar på att inte ge upp. Det kan handla om att skriva en text om något som betyder mycket för eleven eller ett viktigt moment i undervisningen. Sedan läses texten upp för en klasskamrat som då bidrar med råd hur texten skall utvecklas. Detta upprepas tills skribent och läsare har utvecklat texten utan att inte ge upp förrän den är bra (ca 5ggr). Träningen kan varieras på många sätt genom att anknyta till det klassen håller på med. För det fortsatta arbetet skall lyckas är det viktigt att läraren tar del elevernas plan och låter eleverna beskriva sina mål och under samtal med kamraterna i studiegruppen.

### Intensiteten är viktig för kvalitén

Kvaliteten på denna träning är avgörande för anknytningen till detta sätt att arbeta. Övningarna skall ha anpassade mål och skall genomföras under full koncentration med omedelbar feedback, samt följas av reflektion, samtal/rådgivning och finslipning.

Allmänt gäller att eleverna också skall lära sig att ett misslyckande är ett sätt att lära sig mer för att avdramatisera känslan och utnyttja den som en självklar del av arbetet. Läraren har här en viktig uppgift i att snabbt beskriva prestationen och sätta in den i ett konstruktivt sammanhang.

### Att känna kraften i den egna beslutsamheten och få uppleva flow

Det är viktigt för eleverna att lära känna kraften i den egna beslutsamheten. En kraft som man inte trott sig ha och som kan påverka så mycket. Att få uppleva glädjen av Flow, då man har en kompetens som motsvarar kraven. Här kan Formativ Bedömning aktivt bidra till att göra eleven medveten om sin lärprofil i förhållande till uppgifterna. [43], [44].

43), 44) Wiliam 2013

**Förbättrar självkontroll**

Grit-träning förbättrar elevens självkontroll, prestationsförmåga och utvecklar den sociala kompetensen. Den egna nyfikenheten och entusiasmen får här en ny roll. Hela skolsystemet skulle må bra av att ha grundtankarna i Grit som idé för skolarbetet. All skolpersonal borde förmedla att kunskap får man genom hårt arbete och samarbete samt att tydlig bekräftelse är avgörande för elevernas prestationer.

Det kommer att göra stor skillnad när eleverna vet att det inte finns några genvägar men att tydliga egna mål och träning, lockar fram en beslutsamhet som bygger på att de vet att de löser sina utmaningar om de anstränger sig

# Samtalet

**Peter** Det är ju självklart att målen skall vara tydliga och anpassade efter elevernas förmåga. Det som är nytt för mig är att eleverna skall träna medvetet, en sorts mental träning och samarbete så att de tror på sin förmåga att stå ut med hårt och ibland tråkigt arbete.

**Sarah** JanErik du skriver mycket om medvetna och aktiva val och träning av förhållningssätt och förmågor för att hantera sin lärprocess bättre. Jag tror att det varit för mycket av att eleverna skall välja vad de känner för. Det finns så mycket är baskunskaper som måste tränas in. Vi lärare skall vara positiva ledare som tränar in bra arbetssätt i klassrummet på ett insiktsfullt sätt. Det är vi som har ansvaret och kunskapen om pedagogik och dess möjligheter.

**Peter** Hela boken handlar om att alla runt eleverna och eleverna själva skall vara mer kunniga och aktiva. Kunskapen att långsiktigt lärande kräver bra planering och att hårt arbete skall bli en naturlig och självklar sanning är jätteviktigt för alla inblandade.

**Sarah** Då kommer det att krävas mer av den kunskapen hos oss alla i skolans värld och de i överheten som vill påverka vårt arbete.

**JanErik** Det är inte de tekniska resurserna som bygger upp långsiktig kunskap, det är den personliga styrningen som man kan uppnå genom träning tillsammans med andra som fångar upp de värdefulla delarna av informationen. Med ett sådant metaperspektiv blir viktig kunskap synlig.

# Kapitel 13

## Kiwis berättelse om landet Pedagogia

**Alla talar väl om skolan**

I världsdelen Eutopia finns ett land där man lyfter fram kunskap om hjärnforskning, pedagogisk forskning, och beprövad erfarenhet som en självklar utgångspunkt när man fattar beslut om skolan, det landet heter Pedagogia. Ett gemensamt drag hos innevånarna är att de gör aktiva val efter att de noga reflekterat över vad de själva och andra har för bakgrund och avsikter med sitt handlande sig innan de tar ställning. De är stolta över sin skola och tar varje tillfälle att stötta lärarna och tala väl om skolan. Läraryrket har högt anseende därför att lärarna för landets gemensamma kunskap och kultur vidare till eleverna.

### Forskarledd utbildning och arbete

Under sin utbildning får de blivande lärarna arbeta med forskare som är väl insatta i den senaste forskningen samtidigt som de praktiskt får lära sig sitt yrke genom medverkan av erfarna pedagoger och lärare under hela studietiden. Under utbildningen samtalar och undervisar lärarstudenterna barn och ungdomar i övningsskolor för att förstå elevernas behov.

När lärarutbildningen är klar följer forskarna lärarnas utveckling och hjälper till med att utveckla undervisningen så att lärarna känner sig trygga och bekräftade under hela sin yrkesverksamma tid. Ungdomar har upptäckt hur bra det är att få utvecklas i sitt nya yrke tillsammans med forskare. De lockas samtidigt av läraryrkets anseende i ett samhälle där lärarlönen motsvarar vad andra jämförbara yrken har.

### Lärarna bestämmer i skolan

I Pedagogia är man noga med att lärarna bestämmer hur arbetet skall läggas upp i skolan och att föräldrarna inte skall påverka skolarbetet. Däremot poängteras föräldrarnas ansvar att stötta skolarbetet när det gäller att lära sina barn att ta ansvar för sin skolgång och uppträda på ett omtänksamt sätt mot sina lärare och kamrater.

Mobiltelefoner får användas inte under skoltid, den sociala tiden på raster används till att umgås. Istället får de tillfälle att pröva på olika idrotter och fritidsintressen eller spela instrument tillsammans därför att det förbättrar elevernas koncentrationsförmåga.

### Föräldrarna lär sina barn att ta ansvar och att uppträda väl

Föräldrarollen anses så viktig att det finns en lag på att föräldrarna skall gå kurser med jämna mellanrum under hela barnens och ungdomarnas skolgång. Avsikten är att de skall förstå hur de bäst kan stötta sina barn i hemmet.

## Hälsotema och hållbart tänkande

Lärare och vuxna har som uppgift att lära eleverna att äta hälsosam medelhavsmat och motionera varje dag. Alla beslut fattas med tanke på hållbar utveckling och långsiktig hälsa för alla medborgare. Det betyder att produktion av oxkött, färdigproducerad mat, charkprodukter, lightprodukter, sockerbaserade livsmedel och drycker inte får något statligt stöd. Tanken är att all inflammatorisk och fet mat skall försvinna ur kosthållet. Läkare måste börja all behandling med att lära ut hur man skall leva hållbart genom att äta, arbeta, socialisera sig och motionera på ett bra sätt. I Pedagogia är medborgarna skyldiga att läsa och gå kurser i ämnet ett hållbart liv.

## Kortsiktigt tänkande motarbetas

Mediciner ges bara om det är nödvändigt, men ses som kortsiktiga lösningar som alltid medför biverkningar och hälsorisker för människor och djur. Plast-(farliga tillsatser) och aluminiumförpackningar (kan ge Alzheimers sjukdom) vill man på sikt ersätta och får endast användas där det ännu inte finns några alternativ men de beskattas för att de skall försvinna snabbare. Medborgare som röker får sämre försäkringsskydd om de inte tar emot stöd eller går kurser för att ändra sitt livsmönster. Dessa beslut är evidensbaserade med tanke på kommande generationer.

## Vinstdrivande företag får inte starta skolor

De resurser som politiker ger till skolan får bara gå till skolor eller till företag som inte är vinstdrivande. På detta sätt kan forskarnas tankar om undervisning genomföras utan de demoraliserande tankarna på att skapa en vinst.

## Skolpolitiker har kunskap

Politikerna vill ständigt utveckla skolan och är noga med att ta reda på vad hjärnforskning och beprövad erfarenhet kommit fram till. Pedagogias skolmyndighet arbetar alltid evidensbaserat får de resurser som krävs för att förankra och genomföra kursplanerna tillsammans med lärarna och skolpersonalen.

## Datorernas roll

Datorer börjar användas först från sjätte året för att eleverna skall få tillräckligt med tid att lära sig att läsa, ställa frågor, reflektera, skriva, och räkna. Inte bara det, de får tidigt lära sig att beskriva vad de kan och att lyssna till andra och reflektera över vad kan i de studiegrupper som alla lektioner avslutas med. Tanken är att de skall bygga upp sitt språk och sin inre motivation så att de kan utveckla sin förmåga att samtala och samarbeta med andra. Politikerna anser att datorer är till för att söka information, kommunicera, redigera och redovisa arbeten på. De har också en given roll när det gäller stöd, träning av språk, läxläsning och fördjupning. Självklart skall de elever som behöver stöd av dem under lektionerna få använda dem.

### Eleverna får tid att bygga upp egna meningsfulla sammanhang

Nu förstår ni varför mobiltelefoner inte får användas under skoltid, därför de försämrar elevernas möjlighet att kunna koncentrera sig på att lyssna, ställa frågor, reflektera och anteckna för hand. Forskarna menar att elever som gör detta har lättare för att skapa egna meningsfulla sammanhang. De kan då bygga upp en bildningsresurs i långtidsminnet som de kan referera till i olika sammanhang.

### Kunskapsprov har en annan roll

Forskarna upptäckte att den stora fokuseringen på prov och täta nationella prövningar ledde till att eleverna läste för att minnas till proven istället för att lära sig långsiktigt. Om eleverna ställer frågor och reflekterar kan de bygga upp egna meningsfulla sammanhang. En sådan kunskap är lättare att komma ihåg därför att eleverna då skapat en varaktig bildningsresurs i långtidsminnet. Fördelen med detta arbetssätt är att de kan använda denna kunskap vid fler tillfällen under lång tid.

## Att utnyttja långtidsminnet

Om eleverna bara läser för att klara proven slutar de att ställa frågor, reflektera och lär sig bara de "rätta" svaren i minnesbilder som lätt överbelastar arbetsminnet. De stora problemen med stress och känslan av konkurrens avdramatiserades när eleverna fick lära sig frågebaserad studieteknik. Eleverna mår nu bättre när de gör personliga och aktiva val i sitt lärande så att de utnyttjar långtidsminnets resurser mer.

Värdet av elevernas kunskap testas ofta med korta prov efter varje viktigt avsnitt i kursen och längre prov de får redovisa de meningsfulla sammanhang som kunskapen ingår i och hur den kan användas i olika situationer.

### Allt lärande skall utgå från hjärnans sätt att lära

Hjärnforskarna ser till att politikerna blir uppdaterade med det senaste. Det är viktigt att skolans arbete skall bygga på hur hjärnan lär. Eleverna skall lära sig att ställa frågor, reflektera för att förstå och kunna skapa egna meningsfulla kunskaper. När de gör det aktiverar de fler delar av hjärnan vilket förbättrar minnesförmågan därför att de medvetet aktiverar de djupare delarna av hjärnan som kallas långtidsminnet och som en nästan obegränsad minneskapacitet.

Här är det också viktigt att eleverna kopplar sina sinnen och känslor till det de gör, då kommer de att minnas informationen längre. Fakta som färgats av sinnesintryck och känslor lagras på fler ställen och blir lättare att anknyta till och aktivera när du behöver dem.

### Skolans teoretiska bild förtydligas med praktik

Teori förklaras och praktiseras med berättelser, problematiseringar och uppdrag. Dessa kreativa inslag har införts för att hjärnan är uppbyggd för att minnas på det sättet. Praktik och studiebesök på olika arbetsplatser är en naturlig del av undervisningen för att eleverna skall kunna anknyta till samhället utanför skolan. De blir väl mottagna därför att företagen får betalt för att hjälpa eleverna att förstå hur arbetslivet fungerar. Företagen ser praktikplatserna som ett bra sätt att rekrytera nya medarbetare.

## Lärare och vuxna är viktiga förebilder

Lärarna måste vara goda förebilder för eleverna genom att tänka på att ta pauser och göra sammanfattningar så att eleverna får tid att ställa frågor, anteckna, reflektera och samtala i studiegrupper. Lärarnas viktigaste uppgift är att träna eleverna i att planera sin studieteknik med hälsotema, så att eleverna inser att planlagd studietid, idrott, sociala kontakter, bra mat och vila avgör om de skall lyckas i skolan.

## Eleverna tränar Grit för att bli mer uthålliga

Sedan vill politikerna att eleverna skall få lära sig förhållningssättet "Grit" som innebär att lärarna tränar eleverna på att aldrig ge upp när de misslyckas utan se det som ett sätt att lära sig mer. Därför finns det läxhjälp i alla ämnen på skolorna eller på biblioteken så att eleverna kan få hjälp med att genomföra sina mål genom "Grit".

## Satsning på musik- och idrottsundervisning

I landet Pedagogia är idrott och musik viktigt och rasterna är aktiva stunder då eleverna får inspiration till att börja med idrott och musik på sin fritid. I varje bostadsområde finns det aktivitetshus/bibliotek där eleverna kan få hjälp med läxor och lära sig att idrotta eller att utveckla nya intressen.

## Politiker lyssnar på lärarna

Politikerna tar lärarnas synpunkter på allvar. När lärarna berättade om de negativa effekterna av alltför mycket dokumentation, reagerade politikerna direkt.

Nu finns det också planer på att ta bort målrelaterade betyg och minska betoningen på formativ bedömning som ett led i att få bort elevernas tendens att bara läsa inför proven.

## Yttre och inre motivation skall stimulera lärandet

Forskarna talar om hur viktigt det är att undervisningen präglas av lärarnas och elevernas inre motivation, för då utvecklas deras lust, nyfikenhet och kreativa sätt att reflektera och göra egna aktiva val. För att klara av det satsar skolan och landet Pedagogia på att eleverna skall lära sig att beskriva, lyssna och samtala om sin kunskap och lära sig att använda den genom att utveckla samarbetet i sin omgivning. Politikerna anser att det är först då vi kommer att få lärare och elever som ständigt utvecklas utifrån egna förutsättningar.

*"När alla talar väl om skolan och stöder dess personal kan vi tillsammans skapa en bättre skola för fler elever ".*

Kiwi

# Samtalet

**Sarah** Är inte detta vad de mest framgångsrika länderna har genomfört?

**JanErik** På sätt och vis, avsnittet om det hållbara tänkandet har väl inte kunnat genomföras på något annat ställe än i Pedagogia!

**Peter** Många av förslagen kan genomföras om alla vinstintressen försvann.

**Sarah** Jag undrar om inte Pedagogia är ditt drömland JanErik ?

**JanErik** Detta kan införas om alla som beslutar om skolan har evidensbaserad kunskap om hur hjärnan lär och sätter in sina handlingar i ett för hela samhället hållbart perspektiv.

# Kapitel 14

# Sarah och Peters sammanfattning av boken

**JanErik** Det är en sak att läsa och inse att det finns möjligheter i pedagogisk litteratur – en helt annan sak att tillämpa det nya så att det blir en naturlig del av ditt tänkande och hur du skall förhålla dig till kursplaner och elevernas behov.

**Sarah** Innehållet i boken får mig att tänka på hur jag själv arbetar. Det är mycket jag vill ändra på. Men var skall jag börja?

**Peter:** Det är lätt att bli frustrerad! JanErik, du har beskrivit hur frågor kan bidra till att ta bort låsningar, så min fråga blir då: "Vilken strategi tycker du att jag skall i mitt förändringsarbete"?

**JanErik** Att ha självkännedom och reflektera med frågor: vad är jag bra på, vad är det som är viktigt för mig, hur upplever eleverna mig, på vilken nivå befinner sig eleverna och vilka behov har de?

**Peter** Det bästa sättet att svara på sådana frågor är ju att samtala med en kollega som har liknande erfarenheter och som jag har förtroende för. Att höra andra beskriva sina lösningar öppnar för samtal om varandras upplevelser.

**JanErik** Nu är du inne på något viktigt, för min del tänker jag bättre när jag samtalar med men någon som har upplevt något liknande. Då kan vi få ett välgörande metaperspektiv för att undvika att bli alltför imponerad av det nya. Man skall aldrig ta över en pedagogik rakt av, det blir bättre med en personlig mix.

**Sarah** Att hjärnan är formbar är intressant och att frågestrategier är ett sätt att styra hur vi lär, låter ju lovande. Jag funderar på om jag verkligen börjar där eleverna befinner sig. Hur tar jag reda på det?

**JanErik** Det självklara konstaterandet att vi måste börja där eleverna befinner sig kan tyckas komplicerad att svara på. Som lärare skall du låta eleverna framträda på olika sätt. Ställ hela tiden öppna frågor som visar upp elevernas kunskap och tankevärld. Under klassamtal, samtal i smågrupper eller arbetet i studiegrupperna följer du hur de formulerar sig, ordval och tveksamhet i vissa lägen säger mycket.

När du reflekterar över detta framträder förmågor och brister på ett naturligt sätt! Har du tränat in frågestrategier, Grit och organiserar arbetet enligt lektionsdisposition, där studiegruppen ingår, kommer elevernas nivå att visa sig på ett naturligt sätt. Då kan du ta fram "verktygslådan" som ni byggt upp av egna erfarenheter.

**Peter** Det är mycket vi känner igen och ändå inte! För att ha detta förhållningssätt måste vi själva vara tydliga modeller för eleverna! Vi måste träna dem i frågestrategier och att reflektera mer självständigt. Då kommer träning av frågebaserat lärande och Grit att lösa detta. Nu fokuseras det för mycket på minneskunskaper i arbetsminnet och att ge snabba svar. Vi borde istället träna dem mer i att göra aktiva medvetna val, att ställa frågor och reflektera. Det är då alla kunskaper hamnar i långtidsminnet. Det var välgörande att läsa om det.

**Sarah** Risken med att leverera snabba oreflekterade svar är att eleverna missar den viktiga källkritiken och den klargörande reflektionen. Då överlämnar vi oss till de stora medieföretagens tolkningar och blir deras lydiga redskap. De vill att vi skall vara uppkopplade för att vara måltavla för deras budskap i text och bilder. Jag tycker att telefoner och datorer gör ju oss på något sätt självviska, de inkräktar negativt på samvaron med andra och tar för mycket plats.

**JanErik** Efter ett avbrott från telefoners och datorers sociala och kommersiella signaler krävs lång tid för att återställa koncentrationen igen. Eleverna borde istället välja bort allt som påverkar koncentrationen negativt. Uppmärksamheten måste hållas kvar så att de hinner ställa de frågor som öppnar för den egna kreativiteten och jobba mer tillsammans med andra. De behöver också träna på Grit så att de kan vara mer uthålliga och nå sina mål.

**Peter** Man kan fråga sig vad Skolverket sysslar med, de har inte protesterat mot att den ökande dokumentationen, alla prov och konkurrensen mellan elever, lärare och skolor skall konkurrera för att få belöningar i form av betyg och högre löner/anseende. Vi har sett hur resultaten har blivit sämre för varje år. Nu föreslår de att eleverna skall lära sig programmera redan i år 3!

**JanErik** Jag håller med! Eleverna behöver träna så mycket att de känner sig trygga med sin läsning, att skriva för hand, räkna, reflektera och konstruera sin egen kunskap genom frågebaserad studieteknik, äta bättre och motionera mer. Skolan måste avsätta mer tid för denna fortlöpande träning, därför att den lyfter fram den egna kompetensen och stärker självbilden. Datorer kommer alltid att ta stor plats därför måste också läsförmåga och organisering av arbetet vid skärmar tränas!

**Sarah** Det sista är naturligtvis viktigt, det var väl Cambridgeprofessorn Tim Oats som sa det och det är ofrånkomligt för att slippa de negativa effekterna av datorarbete.

**Peter** Som det är nu lär de flesta eleverna bara inför proven och vad återstår då av långsiktigt kunnande när arbetsminnet per automatik släpper det som inte är aktuellt för stunden?

**JanErik** Titta på hur de mest framgångsrika länderna jobbar. Där har lärarna forskarstöd och en praktiktät utbildning och arbete samtidigt som specialpedagoger som följer eleverna i klassrummet från första året. Nationella prov har avskaffats och dokumentationen är minimal och ses inte som ett medel för lärande. Finland.

**Sarah** Skolans räddning har alltid varit alla dessa kloka lärare och skolpersonal i skolorna runt om i Sverige som följer med den pedagogiska utvecklingen men ändå landar i en egen tolkning av sunt förnuft och egen erfarenhet. Man ger vad Skolverket måste ha, sedan prioriterar de efter eget huvud!

**Peter** Det skall Skolverket vara glada för! JanErik, du vill att vi skall träna och repetera mer med eleverna, det håller jag med om, det gör vi alldeles för lite. Jag är nyfiken på det du kallar att iscensätta elevernas lärande på ett mer konsekvent sätt, lite som att sätta upp en teaterpjäs, det har jag funderat en del på. Vi är ju regissörer, för vi planerar för en upplevelse av aktivt lärande hos eleverna där vi skall se och bekräfta dem så att de blir berörda. Det en teaterföreställning om något.

**JanErik** Övertron på datorernas läreffekt, avsaknad av läxor, repetition och att lära sig strategisk kunskap utantill är politiska profilfrågor av ren okunnighet. Det är dags att politikerna lär sig mer om evidens innan de fattar beslut! Därför händer inget trots att länder omkring oss har förstått det.

**Sarah** Grit låter amerikanskt, men det ligger nog mycket i det. Att träna på att repetera tills allt sitter även om man inte tycker att det är kul utan att ge upp därför att man har det i sina mål. Att ha en vana att kämpa därför att man vet att man kommer att lyckas, det är en framgångsfaktor om något.

**Peter** Absolut, visst är det spännande att forskarna kommit fram till att hjärnans arbete bygger just på att det krävs repetition för att man skall skapa varaktiga minnen och att utantillärande avlastar arbetsminnet, därför att utantillkunskap placeras i långtidsminnet.

**Sarah** Det har lärare alltid vetat utan att forskarna bekräftat det. Tyvärr är det många som hävdat motsatsen, att allt skall läggas i datorn. Då uppstår ett beroende av datorer som förminskar värdet av egen kunskap och där med ger en sämre självbild. När eleverna inser att de inte har någon bildningsresurs att falla tillbaka på, tar de till genvägar som alltid förr eller senare slutar i en negativ syn på den egna förmågan. Problemet med fusk i alla sammanhang är ett resultat av detta.

**JanErik** Datorernas inlärningseffekter omvärderas runt om i världen men här i ankdammen Sverige skall vi satsa på att bli världens mest digitaliserade land, öppet för att hackas och påverkas av internationella aktörer!

**Sarah** Det är en otäck och okunnig utveckling! Jag fastnade också för de tre delarna i studietekniken: före, under och efter. Kan vi få eleverna att tänka och jobba så, kommer de garanterat att lära sig mer. Med en sådan plan kommer de att vara bättre förberedda inför lektionerna, jobba mer aktivt med frågor och anteckna under lektionerna. Arbetet i studiegruppen och repetitioner hemma blir då viktigare.

**JanErik** Den stora vinsten med att de har med sig frågor är att vi förstår bättre var de befinner sig i sitt lärande och kan anpassa lektionen därefter. Samtidigt som de kommer att tycka att de blir roligare och lättare att följa med.

**Peter** För min del tycker jag att det är intressant att hjärnans arbete kan styras genom medvetna strategier. Men då krävs det att vi pratar med eleverna om vad som är bra strategier. Vi måste träna och repetera in dem i början av varje termin. Sedan är det nog bra att påminna om dem med jämna mellanrum.

**Sarah** Vilka strategier tänker du på?

**Peter** Den frågebaserade studietekniken handlar ju om att lära eleverna att skapa egna strategier som gör dem självständiga. Då förstår de att de skall vara mer aktiva i pauserna i vår lektionsdisposition. Att ställa frågor, reflektera och skriva anteckningar som de sedan kan få bekräftelse på i studiegruppen i slutet av lektionen.

**JanErik** Det är radikalt att varje lektion skall avslutas med samarbete i en studiegrupp. Fördelen är ju uppenbar, eleverna får då reda på vad de kan och vad de har missat.

**Peter** Tänk att hjärnan har lättare att ta till sig faktauppgifter i form av berättelser och oväntade kreativa inslag.

**JanErik** Det är naturligt därför att berättelser förmedlar bilder, känslor, relationer hos faktauppgifterna och som lagras på fler ställen med fler sinnen i de djupare delarna i hjärnan - långtidsminnet. En sådan kunskap kan då lättare att anknytas till ny information. Hjärnans arbete bygger på att skapa en sammanfattning i form av en berättelse, ger kunskaperna en relation till varandra.

**Sarah** Det har erfarna lärare alltid tagit till för att fånga elevernas uppmärksamhet, men det får extra tyngd om hjärnforskarna säger att hjärnan skapar meningsfulla sammanhang av fakta i form av berättelser.

**Peter** JanErik du skriver också om det kreativa och lekfulla förhållningssättet, att skapa parallellhändelser eller genom att byta ut personer eller byta miljö. Avsikten är att upptäcka vad som är viktigt i den "riktiga" uppgiften på ett kul sätt. Det har jag prövat och fungerar hur bra som helst. Rollspel är också något som eleverna lär sig mycket på, inte minst för att det kräver att eleverna samtalar och samarbetar.

**Sarah** Det lekfulla ger upphov till fler frågor och reflektioner. Från min egen skoltid kommer jag ihåg de lärare som berättade om det vi skulle lära oss. De fick en särskild status som lärare därför att det blev roligare och mer spännande att lära sig. Deras berättelser och kunskap stannade kvar hos mig på ett helt annat sätt.

**Peter** JanErik du talar också om att det är viktigt att koppla ihop berättelsen med en problematisering och ett enkelt uppdrag så att eleverna får en bra introduktion till lektionsinnehållet samtidigt som de blir bekräftade på den nivå de befinner sig. Tar det inte en massa tid att göra detta?

**JanErik** Idén är att eleverna skall lockas in i lektionen på ett mer spännande sätt. När de bidragit med sin kunskap under problematiseringen och sedan samtalat om en lösning är de inne i lektionen på ett helt annat sätt. Det är där vinsten finns.

**Sarah** De finns många elever som har svårt för att koncentrera sig och jag tror på Dylan Wiliam när han säger att de lärare som går långsamt fram och har alla elever med sig har klasser där fler lyckas bättre på proven.

**Peter** Det arbetssättet förutsätter att läraren viktar/rangordnar delarna i kursplanen så att de viktigaste kunskaperna lyfts fram och andra presenteras mer översiktligt.

**Sarah** Får man göra så?

**JanErik** För att förklara betydelsen av att vikta innehållet i kursplanerna sa en representant för Skolverket att det ligger i lärarens pedagogiska ansvar att rangordna innehållet i kursplanen så att eleverna ges tillräckligt med tid så att de förstår.

**Sarah** Helhetstänkandet och förhållningssätten i studietekniken är bra, för den tar upp det som påverkar elevernas prestationer och hemmets förutsättningar att ge studiero, vila, hälsosam mat, men också motion och sociala kontakter på fritiden och i skolan. Dina tankar JanErik, om att föräldrar skall gå kurser är hur bra som helst. Men politikerna är livrädda för att ställa krav även om det försämrar för de utsatta eleverna.

**Peter** Jag tycker att det finns för lite möjligheter till att få läxhjälp, det borde vara obligatoriskt att alla skolor skall erbjuda läxhjälp i anslutning till skoldagen.

**Sarah** Det är självklart! Jag tycker att det viktigt att ge eleverna läxor från första skolåret och genom hela skolsystemet och kompletterat med läxhjälp. Utan den goda vanan kommer de inte att klara av gymnasiets högre krav på att förbereda sig inför lektionerna. Läxor skall i första hand vara en repetition av vad de lärt sig på lektionerna och ett stöd inför nästa lektion.

**JanErik** Det intressanta är att se läxor som en rättvisefråga, alla måste lära sig att de måste förbereda sig inför lektionerna oavsett vilket stöd eleverna har hemma, brister kan kompenseras med läxhjälp om den utförs på rätt sätt. Läxfri tid används nu till internet och dataspel som i förlängningen resulterar i sämre skolresultat och hälsoproblem.

**Peter** Hälsotemat är bra, det lyfter fram att maten är viktig för att orka hålla uppe koncentrationsförmågan och att den därför skall vara med i elevernas planering av viktiga strategier. Devisen att du blir vad du äter har jag hört förut men inte riktigt tagit på allvar, men när det beskrivs så här blir det ett brutalt uppvaknande tycker jag.

**Sarah** Det är många elever som äter fel. Snabbmat, godis och dricka innehåller mycket fett och snabba sockerarter i lightprodukter som innehåller Aspartam som är 200ggr och Spenda/ Sackaros 600ggr så sött som socker och gör att blodsockret åker berg och dalbana. I ett sådant läge är det svårt att hålla uppe koncentrationen. Detta tillstånd leder till trötthet och ett behov av att kompensera med nya kolhydratkällor. Det största problemet är att många elever får en farlig övervikt, därför att den stora sockermängden drar igång insulinproduktionen som omvandlar sockret till fett.

**Peter** Sarah Fattade du det där med att eleverna skall jobba så att de bygger upp en bildningsresurs i långtidsminnet? Är det inte lite gammaldags att tala om bildning det var ju sådant som man talade om 1900-talet?

**Sarah** Som jag har förstått det, handlar det om att jobba mer med långtidsminnet genom att ställa frågor, reflektera och bygga upp egna berättelser och meningsfulla sammanhang. Man försöker inte minnas rakt av utan konstruerar en egen kunskap av det nya och det man redan visste, ett sådant vetande uppdateras ständigt och kan användas i många sammanhang.

**Peter** Att eleverna gör aktiva val och styr sitt lärande, tror jag är välgörande för självförtroendet och viljan att göra det lilla extra. De var också intressant det där med inre och yttre motivation, att vi lär som vi är. Det betyder att vi måste vara mer närvarande och bekräfta eleverna så att de tror på sig själva och att de vet att kan slutföra sina uppdrag om de arbetar medvetet.

**JanErik** Kapitlet att iscensätta lärande tar upp att eleverna måste skolas in, de som har brister får hjälp att komma ikapp, så att de kan vara aktiva från början, det är helt avgörande. Att fler elever jobbar efter samma strategier är mycket effektivare.

**Peter** Jag kan köpa att man kan ta till sig info på många sätt men att bearbetningen måste ske genom att ställa frågor, reflektera och bygga upp egna sammanhang. Men vi får inte glömma att viktig kunskap också måste ifrågasättas och vad kan vara bättre än att få den prövad tillsammans med andra i en studiegrupp. Det tror jag på och det kommer jag att utveckla inom lektionstiden. Det kommer att krävas att vi gör om schemat så att vi får färre men längre lektionspass. Vinsterna är så tydliga. Här får rektor en uppgift, vi skapa längre arbetspass så att vi hinner med arbetet i studiegrupper!

**Sara** Vårt uppdrag som lärare är så komplext, det handlar så mycket om att vara pålästa och medvetna så att vi planerar och förbereder oss på ett genomtänkt sätt. Genom att testa eller ännu bättre låta eleverna berätta och beskriva vad de kan under samtal och samarbete är avgörande, annars kan vi inte motsvara deras behov av utmaningar och bekräftelser.

**JanErik** Sättet att beskriva, samtala och skriva är mycket subtilt, allt vi gör färgas av våra erfarenheter, förhållningssätt och kunskap om oss själva och omvärlden. Som lärare är det ett dukat bord om vi har kunskap nog att härleda det som eleverna uttrycker till orsakssamband som kan lyssnas av och mötas av ett stöd på rätt nivå. Informationen finns där, vi måste lära oss att lyssna och känna in det som eleven förmedlar.

**Sarah** Vi måste jobba så att undervisningen berör eleverna och som gör dem så trygga att de upplever sig kompetenta. Arbetet i studiegruppen är viktigt, det kommer jag att utveckla därför att eleverna får lära sig att beskriva vad de lärt sig och får veta vad de andra kommit fram till. De blir medvetna om hur de lär sig och får veta om de behöver komplettera sina kunskaper. Det är lagom utmanande.

**Peter** Vi måste vara närvarande och styra arbetet i klassrummet så att eleverna kan förverkliga sina självständiga strategier. Vi måste träna dem så att de ställer frågor, reflekterar och sammanfattar skriftligt under lektionen. Det räcker inte med att försöka minnas vad läraren har sagt. Har de tänkt själva och antecknat kan de också berätta om sin kunskap och klara av samarbetet i studiegruppen.

**Sarah** Det är ett stort ansvar men möjligheterna finns där om vi satsar på samarbete, att vi gör det tillsammans med våra elever, kollegor, föräldrar och rektor då kommer vi tillsammans att finna lösningar.

**Peter** Kan vi inte starta en sida på Facebook där du och jag delar med oss av våra planeringar och tipsar om bra hemsidor, samtidigt som vi kan få av andra?

**Sarah** Absolut, varför inte! Det finns massor att hemsidor på det temat men det ger mer om jag får veta hur du jobbar i fortsättningen, för vi känner ju varandra.

**Peter** Det ser jag fram emot!

**Peter** JanErik, skall du inte skriva ett åtgärdsprogram för skolan och alla som är inblandade?

**JanErik** Det kommer nog att provocera alla som är trygga i det system vi har. Varför inte, det är ju ett intressant uppdrag!

Kapitel 15

# Åtgärdsprogram för det svenska skolsystemet

Skolsystemet skall utformas med utgångspunkt från vad hjärnforskning, pedagogisk forskning, filosofer och beprövad erfarenhet har kommit fram till. New Public Managementpedagogik och naturvetarnas mätideologi har misslyckats. Vi finner en övertro på att redovisning, kontroll och konkurrens skall motivera till personlig utveckling. När lärandets villkor dikteras från politiska tankesmedjor är det dömt att misslyckas. Övertron på datorers roll leder till kortsiktighet och snabba oreflekterade svar. Vi ser ett ökande problem med att eleverna enbart lär sig inför proven. Fusk hos elever tyder på en frustration inför alla krav. Ett annat exempel är lärare förväntas ge glädjebetyg för att stärka skolans renommé. Tänk om! Allt lärande börjar där eleven befinner sig genom aktiva val och frågestrategier. Lektionsdeposition införs och lektioner avslutas med samtal i studiegrupper för att befästa kunskap och skapa en trygg lärmiljö för elever och lärare.

Låt oss utgå från var skolor, lärare och elever befinner sig!

**Förutsättningar**

**Magnus Jägerskog generalsekreterare i BRIS:** Psykisk ohälsa bland barn och unga har ökat sedan 1980-talet. Barn berättar om en slags prestationshets där de unga förväntas prestera på livets alla områden, utseendemässigt, idrottsmässigt, socialt, i skolan och sedan få allt detta bekräftat i sociala medier. "Alla unga skall våga prata, vuxna skall vara närvarande och lyssna. Ställa öppna frågor, vara lyhörda och visa respekt ". Politiker skall ta ställning till hur prestationsinriktat vårt samhälle skall vara och ta konsekvenserna av detta genom att tilldela de resurser som motsvarar behoven. Det finns samverkansbrister och otillräckliga resurser inom skolhälsovård, vård-centraler, BUP och psykiatri". För att eleverna skall kunna utgå från vem de är utan prestations-press kommer det att ställa krav på alla vuxna de möter. Eleverna har rätt att få den kunskap som krävs för att genomföra ett lärande som bygger på evidens och beprövad erfarenhet. Enligt barnkonventionen skall unga göras delaktiga i sitt skolarbete och att alla beslut skall fattas för barnens bästa.

## Mål

Målet för alla beslutsfattare och lärare inom skolsystemet skall vara att de fortlöpande går kurser som baseras på hjärnforskning inriktad på inlärningsfaktorer och beprövad erfarenhet. All skolverksamhet skall syfta till att elever och studenter erbjuds de förutsättningar som leder till att de kan utnyttja sin fulla potential.

## Det grundläggande förhållningssättet

För alla organisationer gäller att förhållningssätt och metoder ständigt skall utvärderas utifrån evidensbaserad kunskap och beprövad erfarenhet. Hänvisar man till forskningsresultat skall man först undersöka vem som står bakom, finns det affärsintressen som styr utfallet i en viss riktning är det uppenbart olämpligt. När en övertro på teknik, fler betyg, täta prov, konkurrens mellan elever, lärare och skolor inte leder till annat än sämre resultat, då är det dags att se sig om i världen och ställa frågan varför länder som Finland, Singapore och Sydkorea lyckas bättre med mindre resurser.

När Skolverket nyligen gick ut med att programmeringskunskaper är väsentlig kunskap och skall läras ut redan från tidigare delen av skolsystemet, är detta ännu ett bevis på en slående okunnighet om vad som är grundläggande kunskap för elever i det obligatoriska skolsystemet.

## Organisation

1. Staten tar över huvudmannaskapet för obligatorisk utbildning.

 Externa aktörers inriktning och metoder för verksamhetsutveckling tillåts inte påverka den pedagogiska utvecklingen i den obligatoriska skolan och gymnasiet.

2. Skolpolitiker och tjänstemän inom utbildningsområdet får återkommande evidensbaserad utbildning med förankring i beprövad erfarenhet.

3. Föräldrar får utbildning i hur de skall stödja eleverna vid varje stadie-övergång.

4. Politikerna ger Skolverket i uppdrag att utforma pedagogiken med utgångspunkt från aktuell hjärnforskning med pedagogisk inriktning och beprövad erfarenhet.

5. Lärarutbildning baseras på forskarledd praktik och handledare har personlig lön för sin insats.

6. Alla yrkesverksamma lärare skall fortlöpande ha forskarledd handledning. Var tionde år går läraren en årslång fortbildning på betald arbetstid.

7. Skolledare skall vara aktiva pedagogiska ledare i första hand. Arbetet med dokumentation och ekonomisk uppföljning skall skötas av utbildad personal.

8. Studiegruppernas betydelse för lärandet inom lektionens ram slås fast och lektionstider anpassas.

9. Lag införs som förbjuder användning av mobiltelefoner under lektionstid. Obs! detta gäller inte de elever som kan ha hjälp via speciella appar!

10. Elevhälsan lyfts fram som en grundläggande förutsättning för elevernas trygghet och ges de resurser som motsvarar behoven.

11. Specialpedagoger stöder eleverna i klassrummet som ett naturligt inslag eller i andra former från förskolans första år utan att vara ett elevärende.

12. Lektioner i Idrott och hälsa skall spridas ut under veckan och ges fler timmar på schemat. Hälsorelationen motion – mat med vegetariska inslag skall lyftas fram och bli en naturlig del av undervisningen i samarbete med skolmåltidspersonalen.

13. Dokumentation skall endast ske för att stödja lärarens pedagogiska uppföljning i första hand.

14. Konkurrens mellan elever, lärare och skolor som medel för lärande avskaffas som ett led i att stoppa glädjebetyg.

15. Individuella löner och karriärtjänster avskaffas, vidareutbildning skall ge lönelyft.

16. Närhetsprincipen skall gälla för elever i förskola till årskurs 9 där det finns kommunala alternativ.

**Undervisning**

1.Den välutbildade lärarens ledarskap är den enskilt viktigaste framgångs-faktorn om den präglas av struktur och bekräftelse av eleverna på den nivå de befinner sig.

2. Undervisningens mål skall vara att utgå från var eleverna befinner sig och att kraften i elevernas inre motivation skall tillvaratas och utvecklas under samtal och samarbete i studiegrupper.

3. Målet för lärprocessen skall vara att avlasta arbetsminnet genom aktiva val baserat på frågestrategier och reflektion som aktiverar långtidsminnets otroliga kapacitet. Med ett sådant arbetssätt konstruerar eleven egna meningsfulla sammanhang som bildar en långsiktig bildningsresurs som kan anpassas till olika situationer.

4. Insikten att hjärnans flexibilitet gör det möjligt att medvetet styra sin inlärning skall tas tillvara. Alla terminer inleds med inskolning och repetition av frågebaserad studieteknik med hälsotema inspirerad av "Grit".

5. Läraren tränar eleverna i frågebaserad studieteknik med hälsotema och lär dem att göra medvetna aktiva val.

6. Alla lektioner avslutas med samtal i studiegrupper och schemat anpassas.

7. Läraren tränar eleverna i att arbeta i studiegrupper så att de förstår dess betydelse för lärandet och den egna identiteten.

8. Läraren ökar koncentrationsförmågan genom att träna "Gritt" med eleverna för att utveckla målmedvetenhet och uthållighet.

9. Lektioner byggs upp med berättelser, problematiseringar och nivå-anpassade uppdrag som skall lösas under samtal i grupp. Därefter startar lektionen. Läraren utformar sin roll som förebild för eleverna genom att delta i forskarledd fortbildning och kollegiala samtal.

10. Läraren inför lektionsdisposition för att ge eleverna tid att ställa frågor, reflektera och anteckna. Sammanfattningar sker var 10:e min och i slutet av lektionerna som avslutas med elevernas bekräftade samtal i studiegrupp.

11. Alla kunskapsområden utvärderas med täta små förståelsetest och skriftliga redovisningar där kunskapen beskrivs i ett meningsfullt sammanhang.

12. Elevernas egen kraft och kunskap tas tillvara genom att utnyttja positiv yttre och inre motivation från uppväxtmiljö i hem och skola. Lär eleverna att förundran, fantasi, lekfullhet är kreativitetens motor!

13. Pappersboken skall utgöra grunden i undervisningen, datorer kompletterar med infosök och är ett medel för att skriva och redovisa samt i träning av enskilda moment och i olika stödfunktioner.

14. Självbilden bekräftas och utvecklas genom att fokus läggs på klassamtal, enskilda samtal och samarbete i studiegrupp inom lektionen.

15. Språkträning prioriteras för att stärka identitet och social förmåga. Ett utvecklat språk ger eleverna också verktyg att reflektera över värdet av aktuell information. Det förstärker också självinsikten, att veta vad de behöver lära sig och var de kan finna bra information.

16. Lag om att läxor skall ges för att avsätta tid för repetition och förförståelse inför nästa lektion för att ge alla elever samma villkor. Detta gäller också läxhjälp i anslutning av skoldagen på den egna skolan eller bibliotek.

17. Lärarlösa lektioner förbjuds. Färre nationella prov införs, betydelsen av små täta kunskapskontroller i anslutning till respektive kunskapsområde lyfts fram. Vid provtillfällen redovisas kunskap i ett givet meningsfullt sammanhang.

18. Praktisera Flipped Classroom eller skapa klassens rum på Facebook för att repetera och förbereda eleverna inför nästa lektion. Där kan föräldrar följa undervisningen.

**Lärarutbildning**

1. Undervisningen bygger på samtal med forskare och förankrad praktik hos handledare som har betalt för sin insats.

2. Lärarutbildningen får i uppdrag att ge exempel på hur kunskapskontroll skall vara ett fortlöpande naturligt arbete och att proven skall utformas så att eleverna redovisar kunskapen placerad i meningsfulla sammanhang.

3. Lärarstudenter får undervisning i hur lärostoffet skall "viktas" så att all undervisning kan ske i en sådan takt att alla elever följer med och kan förstå.

4. Lärarstudenterna lär sig att kunskap utvecklas genom aktiva elevers frågebaserade reflektion för att konstruera egna meningsfulla sammanhang tillsammans med andra. Detta arbetssätt aktiverar och utvecklar långtidsminnets i stort sett obegränsade bildningsresurs.

5. Lärarstudenterna tränas i att lektioner inleds med kreativa kopplingar, berättelser, problematiseringar och korta uppdrag. Korta 4sek. och långa pauser samt sammanfattningar var 10:de minut och i slutet av lektionen.

6. Lärarutbildningen skall introducera frågebaserad studieteknik med hälsoinriktning och förhållningssättet "Grit".

7. Studenterna får träna på metoden lektionsdisposition. Allt arbete efterarbetas i studiegrupp under lektionstid.

8. Studiegruppernas betydelse för lärandet inom lektionens ram utvecklas och ses som en avgörande resurs för elevernas lärande och positiva självbild.

9. Kunskapsområden utvärderas med täta små förståelsetest och skriftliga/muntliga redovisningar som bygger på elevernas reflektion för att bygga upp egna meningsfulla sammanhang.

10. Språkträning prioriteras för att stärka identitet och social förmåga. Ett utvecklat språk ger dem också verktyg att reflektera över värdet av aktuell information. Det förstärker också självinsikten, att veta vad de behöver lära sig och var de kan finna bra information.

11. Idrottens och musikutbildningens betydelse för lärandet utvecklas. Se till att idrott får mer plats på schemat. Föreslå idrottsmoment varje dag. Underlätta för elevernas musikutbildning. Skapa en medvetenhet om kostens betydelse för hälsan.

**Skolledare**

1. Skolledare följer upp så att mobilförbudet efterföljs.

2. Lärarna får i uppdrag att alla kunskapsområden skall utvärderas med täta små förståelsetest och skriftliga redovisningar av kunskapssammanhang.

3. Undervisningen bygger på pappersboken, datoranvändning begränsas i tidigare delen och följs upp med telefonförbud i klasserna.

4. Undervisningens mål är att lyfta fram betydelsen av att inre motivation utvecklas tillsammans med den kunnige och strukturerade läraren och under elevernas samtal med klasskamrater i studiegrupper inom lektionens ram och med viktiga vuxna.

5. Språkträning där datorer har en underordnad roll prioriteras, för att stärka identitet och social förmåga.

6. Berättelser, kreativa kopplingar och de lekfulla inslagens betydelse för lärandet prioriteras genom frågestrategier.

7. Ge lärarna i uppdrag att träna eleverna i "Gritt och frågebaserad studieteknik och poängtera hälsoprofilen.

8. Studiegruppernas betydelse för lärandet inom lektionens ram slås fast och schemat ändras till att omfatta längre lektionspass.

9. Utveckla idrottens och musikutbildningens betydelse för lärandet. Se till att idrott får mer plats på schemat. Föreskriv idrottsmoment varje dag. Underlätta för elevernas musikutbildning.

10. Relevant vidareutbildning skall medföra löneökning.

11. Praktiseras formativ bedömning är det viktigt att alla lärare är välutbildade. Utvärdera fortlöpande värdet av denna bedömning.

**Föräldrar**

1. Talar väl om skolan och ställer upp vid behov under klassens aktiviteter.

2. Föräldrar överlåter till lärarna att ta hand om undervisningen. Stöttar mobilförbud i skolan och under läxläsning i hemmet.

3. Föräldrar deltar i skolans kurser för att stödja eleverna i hemmet.

4. Samarbetar med skolan om betydelsen av hälsoinriktad studieteknik.

5. Skapar bra studieförutsättningar i hemmet: studiero utan mobiltelefon, balans mellan studietid, idrott/kamrater, mat och vila.

6. Läser högt ur aktuella böcker, följer dagsaktuella händelser, reflekterar tillsammans sina barn och ungdomar över dess innehåll och avsikt.

7. Bekräftar betydelsen av berättelser, kreativa kopplingar och lekfulla inslag under läxläsning.

**Elever**

1. Stänger av telefonen under lektioner och använder dator när läraren tillåter det.

2. Lär sig frågebaserad studieteknik med hälsotema och tränar förhållningssättet "Grit". Arbetar aktivt med frågor, reflektion och sammanfattande anteckningar.

3. Satsar på studiegruppens arbete.

4. Lär sig vad som är hälsosam mat/medelhavskost.

5. Är noga med att förbereda sig med översiktsläsning och formulerandet av frågor inför nästa lektion och planerar inläsningstillfällen inför prov.

6. Motionerar och satsar på ett fritidsintresse, musik eller hobby.

# Samtalet

**Sarah** När jag läser detta inser jag att problemet med att organisera bra undervisning är att det är mycket komplicerat, men att mycket av detta är självklart för en välutbildad lärare, men så svårt att genomföra i dagens skola för att vi förväntas arbeta med fel saker. Dokumentation anses viktigare, elevtid kommer i andra hand!

**Peter** Vi har en nyckelroll och det vi kan genomföra har stor betydelse för eleverna och föräldrarna.

**Sarah** Vi får alltid bära ansvaret hur tokiga beslut Skolverket och politikerna än fattar.

**Peter** JanErik du är tydlig med att alla nivåer i skolsystemet skall ha bra utbildning och ta ansvar för de förslag de lanserar, tidigare har man fått uppfattningen att allt ansvar ligger hos lärarna.

**Sarah** Det är lätt för politiker och tjänstemän att komma med förslag, men de tar inte reda på om det finns förutsättningar att genomföra dem.

**Sarah** Näringslivets debattörer framför åsikter om pedagogik utan inse att undervisningen i den obligatoriska skolan inte kan jämföras med de tvångsmodeller som praktiseras i deras miljö.

**Peter** Detta åtgärdsprogram lyfter fram betydelsen av att alla tar ett ansvar för att deras förslag till åtgärder skall utgå ifrån en nivå där eleverna befinner sig.

# Kapitel 16

# Vem har sagt vad?

## Hjärnforskning och kognitiv vetenskap

**Daniel Kahneman** Nobelpristagare i ekonomi, "Tänka snabbt och långsamt"

Hjärnans arbete kan styras genom att aktivt rikta uppmärksamheten med frågor och reflektion. Detta medvetna lärande uppnås genom träning i en förutsägbar miljö. Arbetsminnet (system 1) styrs av sammanhanget, förenklar och tar endast beslut på närvarande bevis. Frågor skapar kontakt med långtidsminnet (system 2) så att den efterföljande reflektionen kan ge informationen ett meningsfullt sammanhang. Frågor har då blivit ett medium för uppdatering av aktuella fakta och ger en orientering i omvärlden som pågår när du är vaken. Frågor kan också aktivera passiv information och göra den nåbar för arbetsminnet. På detta sätt kan vi styra sökandet i långtidsminnet.

Arbetsminnet tolkar kontinuerligt det som sker omkring oss i varje ögonblick och kännetecknas av komplexitet och rikedom som ligger till grund för långtidsminnets arbete med att förvandla intrycken till övertygelser och viljehandlingar. Arbetsminnet utvecklar komplexa tankemönster men är inte anpassat för att arbeta med flera saker samtidigt. Baseras arbetet för mycket på arbetsminnets förmåga uppträder snedvridningar och systematiska fel på grund av att informationen bearbetats på för låg och oreflekterad bildnivå som har kort livslängd. Med träning och kan arbetsminnet formulera frågor tillsammans långtidsminnet för att rikta uppmärksamheten till prioriterade områden. På så sätt styrs och begränsas arbetsminnets sökning för att optimera utfallet. I denna process aktiveras långtidsminnets stora minneskapacitet och arbetsminnet avlastas. Repetition och upprepning framkallar igenkännande och ger en behaglig känsla av flyt, som påverkar ditt arbete positivt.

**Torkel Klingberg** hjärnforskare "Den översvämmade hjärnan" och "Hjärna, gener och jävlar anamma".

Barns utveckling drivs till stor del av träning, det gäller matematik och läsning men också mer allmänna förmågor som koncentrationsförmåga och arbetsminne. Med detta menas att öva och lära sig att vara mer målmedvetna under arbete med svåra uppgifter. Snabb muntlig feedback leder till bättre motivation än betyg. Kortare och tätare prov under hela läsåret ger bättre resultat. Barn är inte bra eller dåliga på att lära sig utan de lär sig snabbare eller långsammare, alla måste vandra samma väg av inlärning och träning. Brister i snabbhet kan kompenseras med mer tid.

Barn ges ofta samma mängd undervisning och träning. Det kommer att innebära att de långsammare inte får den extra tid de behöver. Skulle barnen få tillgång till mer anpassad träning och möjlighet att utvecklas i olika takt skulle fler barn nå sina mål. Datoriserade program kan inte ersätta en bra lärare men vissa moment kan tränas in snabbare och vara ett bra alternativ för de elever som behöver mer tid. Utveckling av läsförmågan är helt beroende av mängden träning, ofta ett resultat av en miljö där läsning är viktigt. Aktiv kognition eller tänkande påverkar förmågan att utnyttja arbetsminnet, långtidsminnet, förmågan att hejda impulser och att fatta självständiga beslut för att uppnå sina mål.

Arbetsminnets kapacitet avgör nivån på den kognitiva förmågan och påverkar koncentrationsförmågan och är då ofta kopplad till svårigheter i skolan. Att spela ett instrument är en form av träning som är direkt relaterat till förbättrat arbetsminne och problemlösningsförmåga. Inre motivation är inte tillräckligt för att prestera väl, det krävs något extra som "Grit"- träning. Dessa elever har skapat egna långsiktiga mål som de vägrar att släppa vid motgångar, en sorts gry, kämparanda, kurage, driv eller helt enkelt Jävlar anamma! Grit står för något annat som inte enbart handlar om att ha roligt, utan tvärt om att kämpa i motgångar trots att det inte är roligt. Detta kan efter medveten träning bli ett personlighetsdrag.

**Peter Gärdenfors** Kognitionsvetare "Lusten att förstå", "Den menings-sökande människan".

Arbeta med elevernas metakognition så att de blir medvetna om att förståelse av information hör ihop med förmågan att se mönster. Berättelser och lekfulla inslag aktiverar elevernas sinnen, positiva känslor, intressen som ökar den inre motivationen och ger bättre minnesförmåga genom större inlevelse samt koncentration. Genom att formulera egna mål och utvärdera förståelsen fortlöpande kan ett viktigt metaperspektiv uppnås som besvarar frågorna: vad kan jag, vad saknas, var kan jag hitta det. Detta perspektiv visualiserar centrala mönster i den egna förståelsen som är viktigt för att utveckla självbilden. Låt eleverna arbeta med problem och uppdrag inom ämnesområdet före teorin presenteras. Avsluta med att eleverna får visa och samtala med varandra i studiegrupper.

**Martin Ingvar** hjärn- / kognitionsforskare "Hjärnkoll på skolan"

Ingvar talar om hur socker påverkar och hjärnans funktioner negativt genom dess förmåga att skapa instabilitet i blodsockernivåerna vilket leder till en upplevelse av stress, trötthet och oförmåga att koncentrera sig. Han tar upp betydelsen av lärarens kompetens och förmåga att skapa en tydlig och trygg struktur i skolarbetet. Anledningen är att barn härmar trygga förebilder. Martin lyfter fram vikten av att berättelser skapar delaktighet och motivation i lärandet.

Koncentration kan tränas upp. Färdigheter som läsning och skrivning lärs in genom träning och åter träning, nivån på denna förmåga avgör sedan möjligheten att lyckas i skolan. Repetition med målet att automatisera färdigheter aktiverar långtidsminnets nästan obegränsade minnesförmåga och frilägger resurser i arbetsminnet.

**Angela Duckworth** professor i psykologi: "Grit"

Hjärnan kan förändras av medveten träning av uthållighet utan att vara beroende av belöningar. Barn behöver lära sig att de måste anstränga sig för att klara svåra uppgifter, de skall förstå det nödvändiga i att misslyckas och se det som ett sätt att lära och bli mer uthållig. Duckworth konstaterar att det en människa uppnår hänger mer på att veta vad man vill, ha en riktning som utgår från egen vilja och uthållighet än på medfödd förmåga. Där finns ett dynamiskt förhållningssätt som bygger på att om jag anstränger mig kommer jag att få en bättre framtid där jag mer aktivt kan välja vad jag vill göra. En sådan ansträngning bygger upp skickligheten och blir produktiv. Om man gör något om och om igen blir det som var svårt plötsligt lätt.

Vår hjärna är förändringsbenägen, den utvecklas genom träning!!

Om vi tränar medvetet och uthålligt bygger en sådan process på intresse, genomtänkt syfte, övning, och en övertygelse om att man kommer att lyckas om man verkligen är uthållig och aldrig ger upp de egna målen. Det är få saker som kan mäta sig med glädjen i att förverkliga sin potential. Intressen måste väckas på nytt, om och om igen, genom att fortsätta ställa frågor och låta svaren leda till andra frågor. Ett intresse har inte uppstått av en tillfällighet därför är de viktiga att utgå ifrån.

Begränsningar är ofta självpåtagna. Det är viktigt att ställa frågor och vid behov be om hjälp, leta då rätt på andra målmedvetna personer som delar ditt intresse, ett sådant samarbete leder till utveckling. När du övar och får handledning kan du förändra ditt sätt att tänka, känna och framför allt att ha ett positivt förhållningssätt när du möter motgångar. Personer som ägnar sig till målmedveten övning får mer belöningar i form av en känsla av flyt, där de egna förmågorna motsvarar kraven. Anledningen till framgångarna var att Grit är relaterat till hjärnans motivationssystem och förändrar ditt arbete efter dina förutsättningar.

### Forskning inom näringslära

**Martin Greger** läkare, forskare inom näringslära, "Konsten att inte dö".

Hans forskarteam (130 st.) har kommit fram till att sjukdomar uppstår genom inflammationer. Om du avstår från inflammatorisk mat som: mjölk, ost, ägg, läskedrycker och alkohol och utesluter friterad mat, rött kött och kyckling kan du minska riskerna radikalt. Sedan minskar du på salt, vitt socker och dricker vatten, vitt/grönt te och kaffe. Därefter inför du de antiinflammatoriska näringsämnena på menyn: fullkornsalternativ av bröd, havre, råg, pasta och ris. Samt äter mer grönsaker, frukt, bär, nötter, frön och kryddor (gurkmeja, svartpeppar, chilipeppar).

Gör så många arbetsmoment du kan stående och motionera 40 min om dagen. Stillasittandet är vår tids rökning! Odla sociala kontakter under skoltid och på fritiden!

### Filosofiska och Pedagogiska utgångspunkter:

**Sokrates** filosof och pedagog

Sokrates insåg värdet av att människor lärde sig att ställa frågor och reflektera för att kunna avslöja avsikter i information och handlingar. De skulle definiera sina begrepp och tala av egen övertygelse för att undvika att luta sig mot auktoriteter. Inget påstående skall vara så självklart och allmängiltigt att det inte kan ifrågasättas. De vardagliga samtalens avsikt skall vara att nå insikt på en reflekterad nivå (metanivå) inom begreppen rättvisa, mod, måttfullhet, vänskap och god moral. Han svarade på åhörarnas frågor med att ställa nya frågor som avgränsade och tvingade åhörarna att bilda sig en egen uppfattning om de styrandes handlingar och avsikter.

### Platon filosof

Platon talade om värdet av att överskåda sammanhanget genom insiktsfulla frågor och svar för att utveckla sina tankar. Inlärning börjar lekfullt för att bygga upp ett meningsfullt sammanhang.

**Comenius** filosof och pedagog 1592 - 1670

Undervisningen utgår från sammanhanget och elevernas egen utvecklingstakt. Stoffet skall presenteras som frön inte hela plantor, en sådan kunskap börjar med bilder och går via sinnena. Genom frågorna: Vad kan vi veta, hur kan vi veta, vad är det vi vet när vi vet?

**Sören Kierkegaard** filosof

Om jag vill lyckas med att föra en människa mot ett bestämt mål, måste jag först finna henne där hon är och börja just där. Den som inte kan det lurar sig själv när hon tror att hon kan hjälpa andra. För att hjälpa någon måste visserligen förstå mer än vad han gör, men först och främst veta vad han förstår. Om jag inte kan det så hjälper det inte att jag kan och vet mera. All äkta hjälpsamhet börjar med ödmjukhet inför den jag vill hjälpa, och därmed måste jag förstå att detta med att hjälpa inte är att vilja härska utan tjäna.

**Ellen Key** Lärare, författare till "Barnets århundrade"

Eleverna kan bli bättre på att nå sin sanna potential genom fria val där de får leva och lära som personligheter. Låt eleverna vara nyfikna, fantisera, vara kreativt aktiverade utifrån sina erfarenheter och tänkande samt lära sig att samarbeta i grupper. Stoffträngsel förslöar tankekraften. Eleven skall ges utrymme att reflektera, samtala, experimentera, dra slutsatser och sammanfatta och skapa sammanhang. Elevens fria arbete prövas av läraren i förhör och enskilda samtal samt oförberedda prov och skrivna redogörelser.

**Mortimer Adler** filosof 1902 - 2001

Adler lyfte fram det livslånga lärandets betydelse. Förmågan att reflektera, ställa frågor och anteckna skall tränas i alla ämnen. Han menade att när eleverna har förstått och ser kunskapen i ett sammanhang blir den användbar i olika situationer.

Eleverna skall lära sig hur man lär, färdighetsträning med kontinuitet och överblick är viktig. Kännedom om sitt kulturarv förbättrar förmågan tillproblemlösning utvecklar elevernas reflektionsförmåga.

**John Dewey** reformpedagog

Förstår vi att människan i grunden är social får det konsekvenser för hur vi utformar skolan. Samhälle, skola och individ skall därför utgöra en enhet om vi skall lyckas med undervisningen. Skolan skall erbjuda praktik under elevens ansvarstagande. Kunskap formas i vårt medvetande genom att eleverna och läraren "går i dialog med situationen" för att aktivt konstruera en uppfattning av omvärlden som vägleder deras handlingar. Yrkesrollen gynnas av den kreativa förmågan att formulera och omformulera de problem som uppstår.

Förmågan att rikta uppmärksamheten på vad som skall bedömas och varför är central och måste komma inifrån som ett resultat av målinriktade handlingar. Planering – handling – reflektion – bedömning av resultat. Handlingar som har ett mål - en avsikt som är bärare av mening. Känslor påverkar viljan att undersöka, tillverka saker och förmågan att utföra målinriktade handlingar. Undervisningen skall överskrida och utmana elevens erfarenhet, behov och intressen.

**Lev Vygotskij** socialpsykolog

Barnets språkliga förmåga påverkas av sociokulturella faktorer och praktiker om hur vi lär oss att kommunicera, minnas, förstå oss själva och andra. Eleverna måste använda språkets psykologiska verktyg som siffror, alfabet formler och begrepp för att tänka, kommunicera och sedan agera. Språket blir då en länk mellan individen och samhället. I interaktionen med andra exponeras eleverna för och tar till sig de sätt att tänka och agera som fungerar i samhället. Barnets proximala utvecklingszoon definierar Vygotskij som det kunskapsområde som barnet klarar av på egen hand och det barnet klarar av med hjälp av andra. Lärandet blir då socialt betingat.

Inom denna zoon är barnet känsligt för undervisning och utmaningen blir då att lägga nivån där. Eleven behöver lärarens uppmärksamhet under detta arbete.

**Jean Piaget** Psykolog

Det är den enskilda individen som skapar kunskap genom ett medvetet konstruktionsarbete. Undervisningen skall utgå från elevernas utvecklingsnivå och de måste därför ges tillfälle att mogna klart inom varje utvecklingsstadium. Nyfikenhet utmanar individens kunskap vilket leder till mental utveckling och intelligens.

**Maria Montesori** pedagog

Undervisningen skall gå från sammanhang till enskildheter där makt, kunskap, vetenskaplig grund, politiska reformprogram blir synliga. Barnets lärande är en produkt av egen aktivitet, där det fria valet skall motsvara barnets utvecklingsnivå och intresse för att uppnå social, emotionell, fysisk och intellektuell utveckling. Identifikation av den egna personligheten uppnås genom interaktion med kamrater/lärare/omgivning. Undervisningens mål är att efterlikna livet självt - se världen som den är!

**Rudolf Steiner** pedagog och filosof

Lärarrollen bygger på ett lyssnande ledarskap som ser eleverna som individer med egna anlag och intentioner. Han lyfter fram lärarens roll som förebild därför att eleverna har ett grundläggande behov att härma. Repetition stärker lärandet och berättelser förmedlar bilder som skapar meningsfulla sammanhang. Eleverna är i grunden sociala och är beroende av att samverka med omvärlden i ex. studiegrupper. Studiemiljön skall vara fri från störningar där man arbetar med en sak åt gången.

**Aron Antonovsky** medicinsk sociolog "Hälsans mysterium"

Det är avgörande för individens utveckling att få uppleva känslan av att vara delaktig, berörd och bekräftad. När lärare och klasskamrater ger aktiv och meningsfull respons till varandra uppstår en känsla av att befinna sig i ett tydligt sammanhang som kännetecknas av begriplighet, hanterbarhet och meningsfullhet.

**Frenet Celestin** pedagog

Arbetet skall vara den bärande principen. Det pedagogiska arbetet skall innehålla färdigheter som att forska, experimentera, intervjua och söka efter kunskap genom att arbeta med teman istället för prov. Kunskaper redovisas genom att skriva arbeten och göra utställningar, loggbok skall föras för att få veta bakgrunden till de redovisade resultaten. Bibliotek har en viktig funktion för att stimulera läsande och språkutveckling. Sokratiska samtal är viktiga för att utveckla förmågan att reflektera.

**Loris Malaguzzi** pedagog "Ett barn har 100 språk men berövas 99 ".

Aktivt lyssnande är ett av de effektivaste verktygen för att hjälpa barn i att tänka och ifrågasätta, utveckla sina egna hypoteser eller teorier och få lärarens hjälp att uttrycka dem på något sätt. Det bästa sättet att känna sig trygg med de egna tankarna och idéerna är att förklara dem för andra.

Malaguzzi talar om respekt för elevens erfarenheter, där fantasin, verkligheten och vetenskapen vävs in i leken och arbetet. Under reflektion, dialog och lärande samtal tilldelas eleven en position/rättigheter som bygger på att man förstår vilka krav som ställs på dem i samhället. I det utforskande arbetssättet och under dialog ges eleven delaktighet i det lokala och globala för att bygga relationer mellan barn, pedagoger, föräldrar, skolor, andra i samhället och den egna kulturen.

**Martin A. Nexö** "Möjligheternas barn"

Ett intresse föds man inte med, det uppstår lättare i samspel med andra och de handlingar de inbjuder till. I dessa samtal sätter man ord på tankar, känslor och föreställningar. Det ligger i människans natur att undersöka, utveckla och förbättra sina förutsättningar. Handlingar uppstår när man blir nyfiken och ställer frågor som kräver handling för att besvaras. I detta arbete är frågor ett självklart medel i sökandet efter lösningar men det är den kreativa tolkningsförmågan som för utvecklingen vidare.

**Ingvar Lundberg** professor i psykologi, skapare av "Bornholmsmodellen".

Under högläsning lär barnen känna orden, hur de hör ihop och hur berättelser är uppbyggda, det handlar om närhet och inlevelse som då ger den personliga närvarons magi. Det är i närvaro av och i samspel mellan människor som utveckling av språklig-, social- och emotionell mognad sker. Barn lär sig inte saker när de sitter isolerade för att "forska på egen hand". Språket är en avgörande förutsättning för att man skall fungera som människa det är också helt avgörande för skolframgången och går igenom skriften.

**Anna Wernberg/Ference Marton** uppsatsen "Variationsteorin i Praktiken"

Om en elev skall uppfatta ett föremåls karaktär eller egenskaper måste eleven ha en erfarenhet av att denna företeelse kan variera i storlek, tyngd färg och egenskaper. Om vi möter en man som vi tycker är väldigt lång måste vi samtidigt ha i vårt medvetande upplevelsen av kortare män. För att lära sig något nytt måste eleven ha en förförståelse i form av baskunskaper. Det goda lärandet är kollektivt, man lär tillsammans andra och i samspel med andra. I denna interaktion skapas lärandets rum.

**Rebecka Solnit** "Det avlägset nära"

Berättelser är kompasser och arkitektur. Vi orienterar oss efter dem, bygger fristäder och våra fängelser med dem och att vara utan berättelser är att vara förlorad i vidsträcktheten hos en värld som breder ut sig åt alla håll.

**Roger Säljö** "Lärande i praktiken"

Samtalet är den viktigaste arenan för lärande och språkutveckling

**Michael S. Gazzaniga** psykolog Santa Barbra Universitetet USA

Vänster Hjärnhalva tolkar Information/fakta och skapar sammanhang i berättelsens form. Därför är det lättare att komma ihåg fakta som presenteras i en berättelse.

**John Hattie** "Synligt Lärande" och "Synligt lärande för lärare"

Den enskilt viktigaste påverkansfaktorn är de kunniga, hängivna, medvetna lärarna som förstår känslornas betydelse för lärandet. En välutbildad lärare utgår från elevernas perspektiv och undervisar på den nivå eleverna befinner sig och ger dem fortlöpande hjälp med studieteknik och inlärningsstrategier. Dessa kan varieras genom att inta olika infallsvinklar och perspektiv. Denna lärare ger eleverna utmaningar på en utvecklande nivå och ger tät återkoppling efter utmaningens storlek. Tanken är att utveckla elevernas förmåga att ställa frågor, reflektera, samtala med lärare och kamrater för att konstruera egna meningsfulla sammanhang.

Det är viktigt att undervisningen är synlig för eleven och att elevens lärande är synligt för läraren. Eleverna får lära sig att ställa följande frågor: Vart är vi på väg? Hur går det för oss? och Vad är nästa steg? Detta är frågor i sann metakognitiv anda! Läraren skall kunna mål och kriterier för måluppfyllelse och skall veta när lärande sker och inte sker, följa upp, söka och ge återkoppling samt känna till när alternativa undervisningsmetoder behövs. Läxor förbättrar studietakten med 15 procent och överinlärning frigör resurser från arbetsminnet. Skolledarens roll som utvärderare och aktiverare är viktig för motivation av lärare och elever, skapar struktur och återkopplar. Det är avgörande för resultatet om all personal delar denna insikt.

**Dylan Wiliam** "Att följa Lärande"

Det räcker inte med att ge alla tillgång utbildning utan skolan måste kompensera aktivt för de olika förutsättningar eleverna tar med sig till skolan. Den viktigaste faktorn för elevernas prestationer är vilken förmåga läraren har att skapa ett bra lärande hos eleverna och ännu viktigare för de utsatta eleverna.

Gruppstorlek och tekniska hjälpmedel spelar mindre roll. Datorer har misslyckats med att revolutionera undervisningen i klassrummen. Lärare måste ompröva sitt arbete fortlöpande för att se var eleverna befinner sig, genom att vikta lärostoffet, en lärare som går långsamt fram med prioriterande kunskapsområden, får elever som får fler rätt på proven.

Prestationsgrundad lön eller belöningar hade ingen effekt på elevernas lärande! Elever som har utvärderingsmoment i sitt lärande har bättre numeriska kunskaper, förståelse, problemlösningsförmåga och självförtroende. Läraren skall följa upp var eleverna befinner sig, vart de tror att de är på väg och ta reda på hur de skall komma dit. Eleverna skall förstå vad de skall göra och vad de förväntas lära sig. Kunskap visas när eleverna kan beskriva bakomliknande processer och hur de kan tillämpas i olika sammanhang.

Läraren skall ställa frågor och iaktta hur eleverna svarar, det säger mycket om var de befinner sig i sitt lärande. Formativ bedömning gör läraren och eleven mer medveten om var de befinner sig i sitt lärande och kan då självständigt bedöma vad de behöver lära sig. Det finns dock ett absolut krav att läraren fullt ut behärskar denna metod, i annat fall riskeras att eleverna bara lär sig inför proven.

**Tim Oates**  Professor skolforskare på Cambridge Univercity

"Vi vet att de kognitiva processerna är annorlunda när du läser på skärm". Han kommenterar den stora satsningen på digitala hjälpmedel i klassrummen: "Elever som läser på skärm förstår mindre än om de skulle läsa på papper". Forskning har visat att när man läser en text på skärm kommer man ihåg mindre och svårare att förstå på djupet i jämförelse med att man läser i en pappersbok. Det handlar inte om antalet nationella prov eller när betyg skall ges det saknar betydelse.

Istället är det genom ständiga frågor till eleverna som läraren kan se hur mycket de förstår och kan då fånga upp elever som riskerar att halka efter. För att undervisa med rätt sorts frågor måste läraren ha tillgång till läromedel av hög kvalité. Cambridge Asessment har kommit fram till kriterier för hur pappersbaserade läromedel skall se ut. Däremot finns det ingen motsvarande forskning om hur digitala läromedel bör utformas.

Däremot anser Tim Oates att det är viktigt att eleverna lär sig att navigera i digitala hjälpmedel eftersom det är en färdighet som de har nytta av hela livet. Men: "Om vårt förhållningssätt till den digitala världen tar bort kunskaper och färdigheter från barnen som vi vet att de behöver, som att skriva och läsa snabbt, vad lägger vi då till?". Eleverna behöver kunna läsa och skriva snabbt i pappersbok, tar man bort detta måste man träna eleverna i att läsa och skriva snabbt på skärmar annars riskeras likvärdigheten. Alla elever får inte den träningen i hemmet.

**Okhwa Lee/Tomas Kroksmark** "Världens bästa skola"

I Finland är lärarutbildningen en del av socialpolitiken och ligger på masternivå som anger hur undervisningen skall organiseras med ett forskningsbaserat förhållningssätt. Klasserna är mindre ca.20 elever. Föräldrarna deltar inte skolans arbete men stöder skolarbetet i hemmet. Lärarstudenter praktiserar och forskar under studietiden och efter studierna fortsätter utbildningen med verksamhetsförlagd fortbildning under den yrkesverksamma tiden. Forskarna deltar då i verksamheten lokalt och hjälper lärarna att vidareutveckla sin undervisning.

Lärarna uppmuntras till att anta ett metakognitivt perspektiv på den egna praktiken genom forskarledda samtal, reflektion där den pedagogiska och praktiska verkligheten tas upp. Läroplanen gallras för att kunskaper och färdigheter skall kunna lyftas fram. Lokala samarbetsnätverk av erfarna lärare stöttar nya lärare tillsammans med respektive mentorer. Specialpedagogiska resurser sätts in redan i förskolan och följer sedan eleverna i klassrummet eller i enskilda grupper under hela skoltiden. Skolan ses som kulturbärare och lärare har därför högt anseende.

**Singapore:** Lärarstudenter anställs och får lön under hela studietiden. Undervisningen bygger på reflektion, diskussion för att uppnå djupare förståelse. Målet är att eleverna skall vara självstyrande, socialt medvetna, relationshanterande och de egna besluten skall bygga på självkännedom. Eleverna skall tränas i kritiskt-, innovativt tänkande som bygger på tvärvetenskaplig grund och kommunikationsförmåga.

**Hongkong:** Utantillärande ses som en väg mot en djupare förståelse därför att långtidsminnets resurser utnyttjas mer och frilägger kraft hos arbetsminnet. Inlärning är inte i första hand en fråga om förmåga utan handlar om graden av personlig ansträngning.

**Albert Einstein**

Utveckla kreativiteten genom att läsa sagor för barnen. Ett kreativt förhållningssätt är forskarens bästa verktyg.

**Mats Myhrberg** läsforskare inom specialpedagogik Stockholms universitet

Läsförmågan grundläggs långt före skolåldern i hemmet med språklekar och välartikulerat orförrådsrikt modermålstal och högläsning. Därefter uppmuntras låtsasskrivande och den välutbildade läraren tar sedan vid för att koppla läsning och skrivning till meningsfull kommunikativ användning. I det tredje steget utvecklas läsflyt, skriftspråk och läsförståelsestrategier. Den avgörande faktorn är alltid den kompetente lärarens förmåga och insikter att kunna utnyttja ett stort antal metoder av läs- och skrivstrategier efter att ha undersökt elevernas behov och möjligheter. Eleverna skall tidigt använda böcker så att de kan lära känna olika berättelsestrukturer som underlättar deras läsförståelse.

De skall inlemmas i en berättargemenskap genom att läsa samma böcker. I det framgångsrika klassrummet arbetar lärare och elever med gemensamma mål samt att eleverna samarbetar med olika klasskamrater. För att nå alla måste ett diagnostiskt arbetssätt användas i undervisningen med stöd av en specialpedagog. Eleven skall få riklig och fortlöpande respons på sitt arbete enskilt. Läraren låter eleverna skriva på samma tema som det lästa för att fånga upp denna kreativa ingång till eget skrivande.

**Artiklar i skoldebatten:**

**Anna Ekström** gymnasie- och kunskapslyftsminister

Ta bort marknadstänkande och förytligande metoder från skolan. Vi ser de tydliga spåren av ett förytligande av skolans uppdrag och ett ökat tryck mot lärare för att sätta högre betyg därför att marknaden kräver det.

Med betyg som inte motsvarar elevernas kunskaper skjuter man problemet framför sig och nästa nivå i skolsystemet får ta konsekvenserna. Den stora förlusten är att eleverna inte får någon tilltro till den egna kunskapen. Vägvalet är enkelt, antingen accepterar vi att skolan är en tjänst bland andra eller så börjar vi återskapa skolan som en gemensam bildningsinstitution.

**Per-Olof Nilsson** professor i informationsteori Chalmers

Hjärnan är plastisk och alla människor kan utveckla sitt kreativa tänkande. Det gäller att bli medveten om och utveckla hur vi tänker. De senaste decenniernas forskning har gett oss redskap att förändra vårt tänkande och agerande. Vi måste bli bättre på att använda den kunskap som finns tillgänglig annars blir den värdelös.

Nyckeln heter kreativitet, förmågan att skapa nya användbara idéer och hitta nya vägar att lösa problem. Denna kreativitet skall bygga på evidens och beprövad erfarenhet. Seriös kreativitet kan läras in som vilket ämne som helst genom tydliga strategier för att uppmuntra lekfullhet, nyfikenhet, lära känna sina viktiga drivkrafter och träna på att lyfta fram den egna motivationen. Om kreativitet är mänsklighetens viktigaste resurs för att undvika konflikter och utveckla den gemensamma kunskapen borde träning av kreativitet vara obligatoriskt i skolan. I detta uppdrag ligger att utmana begränsande traditioner, okunskap och revirtänkande.

**Andre´ Gaim och Konstatin Novoselov** ryska nobellpristagare

Under kreativt experimenterande upptäckte de det nya materialet Grafen.

**Jonas Ekeroth** professor i pedagogik vid Göteborgs universitet

Läraren skall vara en tydlig ledare och föredöme i klassrummet, självständigt arbete skall minimeras, låt eleverna kommunicera med läraren och jämnåriga för att uppnå ett fördjupat lärande.

**Jan Czajkowski** It-konsult

Progamering i grundskolan framställs som nödvändigt för att barnen skall klara sig på arbetsmarknaden i framtiden. Det är ett överdrivet påstående. För det stora flertalet förblir det oändligt mycket viktigare att kunna läsa, skriva och räkna än att kunna koda. I matematikundervisningen kan dessa kunskaper vara till nytta för ett fåtal men om kodningen görs till ett självändamål med luddiga förväntningar riskerar det hela att sluta med ett gigantiskt självmål.

# Referenser

1. **Anna Forssell/** Sokrates svarade på frågor genom att ställa en ny fråga utformad på ett sådant sätt att frågeställaren själv skulle komma fram till svaret genom egen reflektion över gällande förutsättningar och avsikter bakom aktuella aktörer. "Boken om Pedagogerna", Liber AB, Stockholm, 2008, s. 54.

2. **Anna Forsell,** talar om kunskap, " kunskap är något som formas i vårt medvetande; en aktiv konstruktion av omvärlden som vägleder våra handlingar och ligger till grund för våra känslomässiga reaktioner "Boken om Pedagogerna", Liber AB, Stockholm, 2008, s. 98.

3. **Peter Gärdenfors** talar om vikten att uppfatta mönster: "Det finns i själva verket ett nära samband mellan att uppfatta mönster och att förstå orsaker" "Lusten att förstå" s.154. ", Natur och Kultur, Stockholm, 2010.

4. **Ference Marton** understryker att minnesbehållningen är beroende av hur man upplever meningsfullheten hos det material som studeras. "Inlärning och omvärldsuppfattning", Prisma, Stockholm, 1999. S.51

5. **Aron Antonovsky,** talar om den känslomässiga aspekten, att sig känna delaktig och uppleva sin närvaro som begriplig, hanterbar meningsfull, "Hälsans Mysterium" Natur och Kultur, Stockholm, 2001. S.40.

6. **Peter Gärdenfors** talar om att förstå är att se mönster och att vi därför ser, hör och uppfattar verkligheten utifrån de mönster vi tillägnat oss. " "Lusten att förstå" s.137. ", Natur och Kultur, Stockholm, 2010.

7. **Per Svensson** föreläsning på stadsbiblioteket "Bildning på barrikaderna" 27/9 2017.

8. **Ingvar Lundberg** skapare av Bornholmsmodellen som arbetade med språkutveckling och fonologisk medvetenhet i förskoleklassen. "Bornholmsmodellen: vägen till läsning - språklekar i förskoleklass" Natur och Kultur, Stockholm, 2027.

9. **Vygotskij/Partanen:** Vygotskij pekar på hur språket och tänkandet utvecklas i den sociala dimensionen, i samspelet mellan barnet och föräldern mellan individen kulturen och samhället. "Från Vygotskij till lärande samtal" s. 35–48. Bonnier Utbildning AB Stockholm, 2009,

10. **Göran Greider** i filosofiska rummet i radio P1 28/3 2007.

11. **Thomas Steinfeldt** 16/4 2016 Artikel SVD kultur.

12. **Sou 1997:108** Språkkunnandet "handlar om förmågan att i och genom språket uppleva och uppmärksamma världen". Under rubriken "språkande, lärande och identitet kap.3, s.61.

13. **Martin Ingvar** "Mycket data pekar på att människor som endast blir talade TILL, det vill säga från TV och läsplattor, inte utvecklar språket lika bra som de som blir talade MED". Artikel i SVD Hälsa med rubriken Ipads och tv-tittande ger barn med IQ – brist. 2018-02-02 av Gabriella Kvarnlöf.

14. **Jan Björklund** "Det visade sig att eleverna i skolorna med mobilfria lektioner förbättrade kunskapsresultaten och det var de lågpresterande eleverna som för bättrade sina resultat allra mest". Från Dagens Nyheters debattsida 2018-02-03.

15. **Thomas Steinfeldt** artikel 16/4 2016 SVD kultur

16. **Per Svensson** kulturredaktör. SVD och Sydsvenskan 2017-09-27 föreläsning på Stadsbiblioteket GB om boken Bildning på barrikaderna. Och Bengt Kristensson professor i filosofi och samhällsanalys på ÅBO svenska universitet, bok: Bildning i tolkningens tid.

17. **Universitetslärare,** "svenska elever lär sig att svara på frågor, men har inte förstått avsikten med att ställa frågor, som ställer krav på att ha förstått kunskapsinnehållets innebörd och konsekvenser. Artikel i SVD Sverige 2017-09 -11.

18. **Tim Oats** brittisk skolexpert: "barn lär sig sämre med digitala hjälpmedel" och fortsätter "elever som läser på skärm förstår mindre än om de skulle läsa på papper" samt tillägger att det är genom att följa upp elevernas

prestationer med att ständigt ställa frågor till dem som lärarna kan se hur mycket de förstår. SVD Sverige artikel av Karin Thurfjell. 2017-03-01

19. **Olof Lagercrantz**, "Kända författare hävdar att de bara skrivit halva boken den andra delen skapas i läsarens fantasi och inlevelseförmåga". "Konsten att läsa och skriva" Bonnier pocket, Stockholm. 2011–01.

20. **Angela Dockworth,** s.11–12, det är "förmågan att hålla fast vid långsiktiga mål, utan att bli distraherad, förmågan att inte ge upp vid motgångar utan fortsätta att kämpa. En sorts motivation att hålla fast vid målsättningar utan belöningar och som kan tränas upp" s. 11–12 "Grit. The Power of Passion Perserverance." Natur & kultur, Stockholm, 2017.

21. **Torkel Klingberg** s. 139, "Grit verkade vara en ny aspekt av motivation som inte enbart handlar om att drivas av att man tycker att något är roligt, utan tvärt om, kämpa i motgångar, trots det inte är roligt. Gritt är kopplat till att vara samvetsgrann, noggrann, ordningsam, plikttrogen och organiserad. Gritt skulle då vara svaret varför barn lär sig i olika takt. Hjärna, gener & jävlar anamma". Natur & Kultur, Stockholm. 2016

22. **En representant för Skolverket** förklarar att alla lärare skall välja ut viktig ämnestypisk kunskap och gå igenom övrig information mer översiktligt, i typ av faktarutor.

23. **Harris Hooper** – amerikansk "läxprofessor" – "När barnen får rätt avvägda läxor lär de sig att disponera tid och ta ansvar. Det ger föräldrar kontakt med skolan och möjlighet att följa hur det går för deras barn." SVD Nyheter 2016-12-10.

24. **Sören Kierkegaard** - dansk filosof - "Undervisningen skall ta sin utgångspunkt i var eleverna befinner sig, allt annat är ämnat att vara lärarens självspegling". Texter i urval av David F. Olsson Artros och Normas förlag AB 2013. Skellefteå

25. **Lev Vygotsij/** Petri Partanen – rysk socialpsykolog – "den proximala utvecklingszonen – är avståndet mellan den aktuella utvecklingsnivån i självständigt problemlösande och nivån av möjlig utveckling med stöd av vuxen eller i samarbete med kamrater".s.51. "Varje funktion i barnets

utveckling förekommer tvåfalt: först på ett socialt plan, och senare på ett individuellt plan; först mellan människor (interpsykiskt), sedan inuti barnet (intrapsykiskt) Detta kan förstås som en vandring från yttre, socialt och språkligt förmedlad träning till en inre färdighet som individen kan genomföra med stöd av sitt inre tänkande", Vygotskij 1978.s.49. "Från Vygotskij till lärande samtal", Petri Partanen och Bonnier Utbildning AB, Stockholm, 2009

26. **Aron Antonovsky** – Betydelsen av att få uppleva Kasam: "begriplighet, hanterbarhet och meningsfullhet ökar förmågan till inlärning". "Hälsans mysterium", 39–41 Natur & Kultur, Stockholm, 1991.

27. **Torkel Klingberg** – "Människans förmåga att ändra hjärnans funktion kan mycket väl förändra historien lika kraftfullt som utvecklandet av smideskonsten under järnåldern" "den översvämmade hjärnan" s. 20–21, Natur & Kultur, Stockholm, 2007.

28. **Daniel Kahneman** – Långtidsminnet har vissa möjligheter att styra sökandet i egen kunskap och även att programmera sökandet i informationsflödet så att vi kan koncentrera oss på att upptäcka en händelse i vår omgivning. "Tänka, snabbt och långsamt" s. 107. Brockman Inc./´Bokförlaget Volante, Stockholm, 2011.

29 **Daniel Kahneman** - "Kahneman talar här om samarbetet mellan system 1. (arbetsminnet) om hur det genererar och intuitiva intryck, känslor och avsikter till system 2 (långtidsminnet) som inleder ett koncentrerat sökande under medveten kontroll och i den egna databasen för att sammanställa förutsättningar för personligt förankrat handlande. "Tänka, snabbt och långsamt" s s.25 -29. Brockman Inc./´Bokförlaget Volante, Stockholm, 2011.

30. **Torkel Klingberg.** "Arbetsminne är förmågan att komma ihåg information under en kort stund och att kontrollera sin uppmärksamhet till att lösa logiska problem", "den översvämmade hjärnan" s.36, Natur & Kultur, Stockholm, 2007.

31. **Peter Gärdenfors** "Människans minne är gjort för att komma ihåg berättelser som får vårt minne att hänga samman" "Lusten att förstå" s.204.

2010. "Den meningssökande människan" 109, 2006, Natur och Kultur, Stockholm,

**32. Torkel Klingberg** "I långtidsminnet memorerar vi händelser vi varit med om, såsom vad vi åt till middag igår. Vi kan också minnas fakta som inte är knuta till något specifikt inlärningstillfälle", "Den översvämmade hjärnan" s. 39, Natur & Kultur, Stockholm, 2007.

**33. Daniel Kahneman,** "Långtidsminnets associativa förmåga aktiveras och dess funktion att styra och programmera sökandet så att vi kan urskilja händelser i vår omgivning", "Tänka, snabbt och långsamt" s.107 Brockman Inc./'Bokförlaget Volante, Stockholm, 2011.

**34. Daniel Kahneman,** "modellen skaps av associationer som knyter ihop tankar om fakta, händelser, handlingar och fall som uppträder med viss regelbundenhet. När dessa länkar bildas och stärks uppstår ett mönster i långtidsminnet", "Tänka, snabbt och långsamt" s.107 Brockman Inc./'Bokförlaget Volante, Stockholm, 2011.

**35. Torkel Klingberg,** " Att rikta sin uppmärksamhet mot något är det samma som att välja ut information" "den översvämmade hjärnan" s. 23. , Natur & Kultur, Stockholm, 2007.

**36. John Dewey/Anna Forsell,** "kunskap är något som formas i vårt medvetande, en aktiv konstruktion av omvärlden som vägleder våra handlingar och utgör grunden för våra känslomässiga reaktioner" "Boken om pedagogerna" s.98, Liber AB Stockholm, 2005.

**37. Björn Lijeqvist,** Om närvaron på lektionen: "Ett aktivt och uppmärksamt sinne är nyckeln, Ju mer focus och närvaro i stunden desto mer registrerar vi och kan repetera och bevara", "Plugga smart och lär dig mer", s.24, Studentlitteratur AB, Lund.

**38. Peter Gärdenfors,** "Den inre motivationen kommer från de intressen och drivkrafter som eleven själv har. Den yttre kommer från skolans betygssystem, från föräldrars löften om belöningar och från det omgivande samhällets erbjudanden om framtida karriärer.", "Lusten att förstå" s.78-80. Natur & Kultur, Stockholm, 2011.

**39. Torkel Klingberg,** "Hjärnans formbarhet skulle kunna utnyttjas genom medveten intensiv träning av en viss funktion". "Vill du träna din hjärna måste du välj funktion och område" "den översvämmade hjärnan", s. 95, Natur & Kultur, Stockholm, 2007.

**40. George Bernard Shaw,** "Life isn´t about finding yourself, it is about creating yourself". Klokacitat.se.

**41. Författarens definition:** med begreppet bildning avser jag de kunskaper som uppstår i en process där information söks genom frågestrategier och som bearbetas aktivt med reflektion för att konstruera kunskaper i personliga och meningsfulla sammanhang som sedan bekräftas och befästs under samtal och samarbete tillsammans med andra i klassen i en studiegrupp.

Eleven har då uppnått kunskap i form av bildning som är generellt användbar och möjlig att använda i många sammanhang. Framförallt har den en form som gör den lättare att anpassa till ny kunskap där för att den bygger på ett metaperspektiv på information och kunskap. Den har ett definierat ursprung och blir då lättare att komplettera och utveckla i fler sammanhang.

**42. Anna Wernberg/Marton, Dahlgren och Säljö,** "För att förstå ett föremåls utseende och roll måste du ha erfarenhet av hur liknande föremål ter sig under motsvarande förutsättningar. Ex. för att uppfatta vad den röda färgen är måste du ha en erfarenhet av vad rött är. "Variationsteorin i praktiken" S. 324 och 326. Göteborgs Universitet, 1997.

**43. Dylan Wiliam,** "Om matriserna är för detaljerade lär sig eleverna att memorera denna kunskap lära sig utantill och placera den i arbetsminnet. De lärare som går så långsamt fram att alla elever förstår, har fler elever som lyckas på proven", "Att följa lärande", s.33–35 Studentlitteratur, Lund, 2013.

**44. Dylan Wiliam** " För att formativ bedömning skall fungera måste läraren vara förtrogen med arbetssättet och att läraren kan anpassa metoden till sig själv, ämnet och eleverna", "Att följa lärande", s. 13, Studentlitteratur 2013, Lund.

**45. Martin Ingvar,** "Social samverkan har ett överlevnadsvärde och är därför evolutionens hårdvaluta, att härma andra är alltså medfött". "Nu vet vi att barnets hjärna är konstruerad så att den utvecklas i samspel med förebilder". När barnet härmar "rätt beteende", kompletteras och utvecklas spegelsystemet av hjärnans belöningssystem. En känsla av välbefinnande som de vill uppleva igen och igen. "Hjärnkoll på skolan", s. 12–13, Författarna och Natur & Kultur 2014 Stockholm.

**46. Torkel Klingberg,** "Mängden information som kan lagras i långtidsminnet är i det närmaste obegränsad, "den översvämmade hjärnan", s.40. Natur & Kultur, Stockholm, 2007.

**47. Peter Gärdenfors,** "Människans minne är gjort för att minnas berättelser. Berättelser får kunskap att hänga samman, deras sätt att placera olika händelser i ett orsakssammanhang visar sig ge ett starkt stöd för förståelsen". Elevernas upplevelse om vad som är en bra lärare handlar ofta om att dessa lärare är att de är goda berättare som kan fånga uppmärksamheten hos eleverna. S. 204, Natur & Kultur, Stockholm, 2011.

**48. SVT vetenskapsprogram "Nobellpristagare samtalar"** "I våra korta snabba föreläsningar för varandra upptäckte vi att vi orkade lyssna längre, om föreläsaren gjorde korta pauser på ca 5 sek för att hjärnan skulle kunna ta till sig och sammanfatta viktig information" Vi kallade detta förhållningssätt för Mindbreathing. Stockholm 2015.

**49. Herman Ebbinghouse,** Glömskekurvan, den mänskliga hjärnan klarar bara att minnas under 10 min, därefter försvinner informationen om man inte repeterar. "*Über das Gedächtnis* 1885".

**50. Harris Cooper,** "Läxor är bra om de ligger på rätt nivå och ges i lagom mängd, både för mycket och för lite hemuppgifter kan ha en skadlig inverkan på barns lärande. Vår studie visar att de har effekt, men att de skiljer sig i karaktär i olika åldrar. I takt med att de blir äldre ökar läxornas effekt på lärandet. Ta antalet år ggr tio. Eleverna lär sig disponera sin tid och ta ansvar.

**51. SVD.se/laxhjalpen** 2016-01-12 " 1) Läxorna skall vara så utformade att de inte kan göras fel.

2) Läxan skall handla om repetition. 3) Texter skall anknyta till det man är intresserad av.

4) Tiden skall anpassas efter förmågan att koncentrera sig.

5) Läxor har bättre effekt om de följs upp direkt nästa lektion.

**52. Torkel Klingberg,** "Flow uppstår när kraven motsvarar kapaciteten, "Den översvämmade hjärnan", s s.155. Natur & Kultur, Stockholm, 2007.

**53. Peter Gärdenfors,** "Barnen skapar spontant berättelser av låtsasleken – ofta skapar de berättelsen tillsammans. Barnen blir själva aktörer och berättelserna blir därför interaktiva. Berättelserna bygger meningsbärande lekvärdar" Man kan säga att eleverna ger mening till uppgifterna genom att koppla dem till berättelser. "Lusten att förstå", Natur och Kultur, Stockholm, 2010. S. 220.

**54. Dylan Wiliam,** att ha ett metaperspektiv eller metakognition av sin kunskap innebär att känna till följande: - vad man vet, - vad man kan göra, - vad man vet om sin förmåga att generalisera sin kunskap i andra situationer, samt ha erfarenhet av att klara att inte ge sig förrän uppgiften är löst. "Att följa lärande", s.162, Studentlitteratur, Lund, 2013.

**55. Torkel Klingberg,** När man reflekterar och memorerar något kan man alltid återkomma vid ett senare tillfälle och finna att informationen finns kvar, "Den översvämmade hjärnan", s.39 - 40, Natur & Kultur, Stockholm, 2007.

**56. Tim Oats,** forskningsledare på Cambridge University", "Elever som läser på skärm förstår mindre än om de skulle läsa på papper", "Om våra antaganden om den digitala världen tar bort saker från barnen som vi vet att de behöver, som att skriva och läsa snabbt, vad lägger vi då till?", "Vi vet att de kognitiva processerna ser annorlunda ut på en skärm". " Kunskap i att navigera, läsa och skriva på en skärm borde vi träna eleverna mer i, det är en strategisk kunskap ur rättvisesynpunkt." SVD Nyheter 20170303.

**57. Angela Duckworth,** "Odla dina intressen, öva varje dag på utmaningar som övergår din förmåga, koppla ditt syfte bortom dig själv, lär dig att hoppas när allt verkar förlorat. Utveckla din yttre motivation genom att ta hjälp av föräldrar, lärare, klasskamrater och viktiga vuxna. Grit handlar om att träna sin självbehärskning, mer självkontroll och prestationskaraktär. "Det är få saker som kan mäta sig med glädjen att förverkliga sin potential". s. 286,

"Grit. The Power of Passion och Perseverence". Natur & kultur, Stockholm, 2017

**58. Daniel Kahneman,** "Långtidsminnet (system 2) har en viss förmåga att styra arbetsminnet (system 1) genom att programmera uppmärksamhetens och minnets normalt automatiska funktioner", "Tänka, snabbt och långsamt" s.34. Brockman Inc./ Bokförlaget Volante, Stockholm, 2011.

**59. Daniel Kahneman,** " Uppmärksamheten har ett pris: vi har en begränsad budget för uppmärksamheten som vi kan fördela mellan olika aktiviteter och försöker vi överskrida budgeten är vi dömda att misslyckas, det som är kännetecknande för krävande aktiviteter är att de stjäl av varandra, vilket förklarar varför det är svårt eller omöjligt att utföra mer än sådan åt gången", "Tänka, snabbt och långsamt" s.34 - 35. Brockman Inc. / Bokförlaget Volante, Stockholm, 2011.

**60. Jaara Åstrand,** ordförande Lärarförbundet.

**61. 1) SVD.se/om/skolresan-läraren** Joanna Drevinger, utsedd till Stockholms bästa gymnasielärare 2015, "Man är inte bättre än sin senaste lektion och allt beror på energin. 2016-04-25

**2) SVD, skolresan:** Tomas Englund professor vid Örebro universitet, "Jag uppfattar det som avgörande om läraren utvecklar en positiv kamrateffekt i klassen". 2017 – 10 – 15.

**62. SVD skolresan** Av Joanna Drevinger, Malin Hoelstad, Tomas Oneborg 29 maj, 2016.

**63. Peter Gärdenfors,** "Förmågan att reflektera över, och i viss mån styra, sina egna tankar, känslor och önskningar kallas också metakognition. Man kan beskriva det so förmågan att se mönster hos sig själv och sina handlingar och där med få en förståelse för sitt eget tänkande, agerande och lärande. " . "Lusten att förstå", S. 124, Natur och Kultur, Stockholm, 2010.

**64. Anna Wahlberg/Ference Marton,** " En svårighet i en lärandesituation kan vara att läraren inte befinner sig i samma rum som eleverna och utgår från sina egna erfarenheter i stället för elevernas. (Donovan & Bransford, 2005). "För att urskilja något så förutsätts således en erfaren variation av aspekten i fråga". "En speciell färg ses mot bakgrund av andra färger vi ser", "Variationsteorin i praktiken" Marton och Bowden 1998/Variationsteorin i praktiken 320 – 325 Anna Wernberg, Uppsats på Högskolan i Kristianstad.

**65. Peter Gärdenfors,** om ömsesidighet: "Människor tycker om att uppnå mål tillsammans med andra", Ett exempel på självuppfattningens betydelse fann man i en studie från förskolor på Nya Zeeland av Patrik och Townsend: "De fanns ett samband mellan förskollärarnas uppfattning ett barns kapacitet och barnens egen uppfattning om den egna kompetensen att lära", "Uppfattningen om den sociala kompetensen var den faktor som bäst förklarade barnens inre motivation", s. 88, . "Lusten att förstå", Natur och Kultur, Stockholm, 2010.

**66. Peter Gärdenfors,** om hur elevernas frågor avslöjar vad de kan, "En erfaren lärare vet att man med god säkerhet kan avgöra hur väl en elev behärskar ett område genom den typ av frågor eleven ställer", s.174, "Lusten att förstå", Natur och Kultur, Stockholm, 2010.

**67. Daniel Kahneman,** om hur frågor, reflektioner/associationer "knyter ihop tankar om fakta, händelser, handlingar och utfall som uppträder med viss regelbundenhet. S.107 "Lusten att förstå", Natur och Kultur, Stockholm, 2010.

**68. Martin Ingvar,** professor vid Karolinska institutet, hjärnforskare och debattör, **Gunilla Eldh** medicinjournalist och författare: om hur frågor aktiverar, Läraren ger eleverna anpassade tankeställare och utmanar dem med öppna frågor, så som Sokrates gjorde med sina adepter: "Vilken är din huvudpoäng? Kan du ge exempel på det? Kan du formulera dig på ett annat sätt? Hur kan vi ta reda på det? Varför är den här frågan viktig? s.59.

"I en stressig miljö med hög ljudnivå inträffar att "blodsockret höjs extra snabbt genom att stresshormoner ökar nybildningen av socker i levern, tömmer sockerförråden, omvandlar detta socker till fett och lastar över det till fettdepåerna" s. 110, " Varken hjärnan eller människokroppen är gjord för att vi skall sitta stilla 16tim per dag och ligga ner resten av dygnet". "Vi har arbetat med kroppen till helt nyligen i mänsklighetens långa historia" s.115, ", "Ja, barn som inte rör sig tillräckligt mycket orkar mindre, blir rastlösa, okoncentrerade, lättirriterade och ledsna". Regelbunden fysisk ansträngning är en mycket potent hälsofaktor som påverkar både kropp och själ.

De är en effektiv behandling för nedstämdhet hos tonåringar som fungerar minst lika bra som psykoterapi och antidepressiva läkemedel", s.116." de hormoner som påverkar dygnsrytm, stressnivå och till växt kommer i bättre balans när man motionerar ofta". s.117, "Hjärnkoll på skolan och varför barn behöver dig för att lära", 2014, Författarna och Natur & Kultur, Stockholm.

**69. Daniel Kahneman,** om att rikta uppmärksamheten: Frågor hänvisas till System 2 (långtidsminnet) som kommer att rikta uppmärksamheten mot problemen och söka i minnet efter svar", "Tänka, snabbt och långsamt" s. 135. Brockman Inc./'Bokförlaget Volante, Stockholm, 2011.

**70. Mai-Lis Hellénius,** professor i preventiv kardiologi vid Karolinska Institutet med focus på fysisk aktivitet och matvanor. "I tusentals år har vi vetat att livsstilen påverkar vår hälsa. Senaste decenniers forskning har dock visat att vi sannolikt kraftigt underskattat livsstilens betydelse. Vi skulle kunna vara ännu friskare, må ännu bättre och leva ännu längre. S. 15, ". Vi behöver röra på oss genom hela livet för att hålla oss friska och må bra". "Matvanorna kring medelhavet har ändrats och den mat som är en fin modell för hälsosamt ätande är den mat som man åt på landsbygden i Spanien, Italien och Grekland"s.19,

"Människokroppen är gjord för rörelse", "Fysisk aktivitet påverkar varenda cell, varenda vävnad och varenda organ i hela kroppen", "musklerna producerar också lång en rad olika små proteiner som har såväl smärtstillande som uppiggande och antiinflammatoriska effekter samt effekter som motverka depression, s.23, "Livsviktigt", Mai-Lis Hellènius och Holm & Holm Books, Tukan Förlag Heurlins plats 1, 41301 Göteborg, 2016.

**71. Mikael Greger,** läkare och näringsexpert, "som läkare har jag inte utbildats till att behandla orsaken till sjukdom, utan snarare konsekvenserna av sjukdom", "Vår kost är den största orsaken till för tidig död och största orsaken till invaliditet", Tänk tvärt om! "Kosten är något levande som innehåller massor av möjligheter att förändra ditt liv till det bättre".

En hälsosam kost består av vegetarisk mat, "vilket vi definierar som en kost-hållning som består av oraffinerade, växtbaserade livsmedel som i hög grad utesluter kött, mejeriprodukter, ägg och raffinerade och förädlade livsmedel", s. 26-27, motion kan ge många sociala fördelar och en hälsosam kroppsvikt, den kan "avvärja och eventuellt avvärja och eventuellt vända förloppet vid nedsatt kognitiv funktion, stärka immunförsvaret, förebygga och behandla högt blodtryck och förbättra både sinnesstämning och sömnkvalitet", s. 409, "Konsten att inte dö", s, Flatiron Books, USA, 2015.

**72. Helena Nyblom Munthe,** med. dr. vid Sahlgrenska Akademin Göteborgs universitet i invärtes medicin och specialistläkare i psykiatri, lanserade begreppet "supermaten" i Sverige.

"Om man äter balanserat och varierat i vardagen, med rikligt av olika färgstarka grönsaker, fullkornsprodukter, hälsosamma fetter, fet fisk och mindre av rött kött, kommer inte de enstaka mer festliga tillfällena att innebära någon större skada på hälsan", s.13.

Då kan vi undvika "Den så kallade osynliga inflammationen som bidrar till att kroppen åldras i förtid och att vi drabbas av välfärdssjukdomar", s. 8, "Skelettet behöver även motion och vitamin D för att kunna utvecklas normalt" s. 53–54, " På senare tid har man upptäckt en koppling mellan låg nivå av antioxidanter och sömnbesvär". Det skulle i så fall bero på den antioxidativa effekten hos kiwi som innehåller serotonin som omvandlas till sömnhormonet melatonin som bidrar till avslappning. "Läkarens guide till den naturliga supermaten", Helena Nyblom Munthe och Lava förlag, 2017.

**73. Charles Clark,** Läkare och Diabetesforskare **Maureen Clark** hälsoinspiratör, "Genom att helt enkelt ändra på näringsbalansen i ditt födointag kan du omprogrammera kroppen till att självmant reducera mängden kroppsfett", s. 10, "Det är helt enkelt ett naturligt faktum att fetter försvinner om utsöndringen och nivån av insulin i kroppen går ner. Med andra ord är insulinet ett hormon som tillverkar fett, och när vi reducerar insulinet förbränner vi fett", Insulinproduktionen påverkas av "raffinerade kolhydrater, stress och vissa mediciner" s. 16,"Hälsorevolution!"2013, Karavan Förlag box 1206 22105 Lund.

**74. Olof Lagercrantz,** författare och. chefredaktör på Dagens Nyheter. "Hejdas man i sin läsning försvinner magin, ljuset glimten i ögat försvinner". Om att läsning måste få ta tid: "Josef Konrad, vad roligt att du tycker om min bok, för jag har inte gjort mer än halva boken. En författare önskar sig begåvade läsare", skrivit "Om konsten att läsa och skriva", Wahlström och Widstrand, 1986, Malmö.

**75. Torkel Klingberg,** professor i kognitiv neurovetenskap Karolinska institutet Stockholm. "Det är mängden av konkurrerande information som vår hjärna utsätts för som ställer krav på att välja",

" Men redan när hon har två olika dokument på skrivbordet ställs kravet på att hon skall välja och rikta sin uppmärksamhet", s.32 "Den översvämmade hjärnan", Natur & Kultur, Stockholm, 2007.

**76. Nicolas Carr,** Om pappersbokens överlägsenhet, "Den grupp som använde pappersdokument klarade av sina uppgifter på ett bättre sätt" "Forskningen visar att de som läste text i pappersform lyckas bättre, kommer ihåg bättre och lär sig mer än de som läser texter på dator som är översållade av hänvisningar" s.127. Multimedia har inte skapats av pedagoger för att optimera lärandet. "Användandet av både ljud och bild/text splittrar uppmärksamheten negativt därför att hjärnan inte klarar att göra två saker samtidigt", "The Shallows", W.W. Norton& Company, Inc. 500 fifth, Avenue, N.Y. 10110, 2010.

**77. John Hattie,** professor vid Melbourne University och chef vid Melbourne Education Research Institut. Om lärarens betydelse för elevens lärande:" Vi måste se oss själva som positiva förändringsagenter för de elever som kommer till oss", " Min poäng är att lärares övertygelser och engagemang är de största påverkansfaktorerna på elevernas prestationer"," Synligt lärande för lärare", Bokförlaget Natur & Kultur, Stockholm, 2012.

**78. David Kahneman,** Om problematiken med att göra två saker samtidigt, "Det är kännetecknande för krävande aktiviteter att de själ av varandra, vilket förklarar varför det är svårt eller omöjligt att utföra mer än en sådan åt gången", s. 35.

Om samarbetet och beroendeförhållandet mellan system 1 (arbetsminne) och 2 (långtidsminne). "System 2. har viss förmåga att styra system 1. "Genom att programmera uppmärksamhetens och minnets normalt automatiska funktioner". s.34 -", "Tänka, snabbt och långsamt". Brockman Inc. / Bokförlaget Volante, Stockholm, 2011.

**79. Björn Liljeqvist,** om lärandets faser: före, medan och efter lektionen. "Studenter/elever som förbereder sig sparar mycket tid" Genom att de har skaffat sig en överblick, har ett mål, vet varför och kan planera mer medvetet. s. 21 – 73, "Plugga smart och lär dig mer!", Studentlitteratur AB Lund, 2006.

**80. André Gaim, Konstantin Novoselov,** ryska nobellpristagare i fysik 2010, De uppfann det nya materialet Grafen under lekfullt testande i sitt laboratorium.

**81. Jan Söderqvist,** författare och kritiker i SvD kultur i artikeln "Jaget och själen de största av illusioner" 5/2 2010.

**82. Torkel Klingberg,** professor i kognitiv neurovetenskap Karolinska institutet Stockholm. Inre motivation är inte tillräckligt för att prestera väl, det krävs något extra: Grit! Grit visade upp en helt annan aspekt på inre motivation, mer som ett personlighetsdrag som inte handlar om att ha roligt, tvärt om, att kämpa i motgångar trots att det inte är roligt. S. 138 139 "HJÄRNA, GENER & JÄVLAR ANAMMA! Natur & Kultur Stockholm, 2016.

**83. Christian Benedict,** Stressforskare är docent i neurovetenskap vid Uppsala universitet och journalisten Minna Tunberger, "Vi måste inse att vi är i behov av timeouter", Artikel av Magnus Hellberg i Expressen 13/11 2018.

**84. Svante Nordin,** om hur René Descartes upphöjer tvivlet till grund för vetande genom uttalandet: "Jag tänker alltså finns jag", "Filosofins historia", Studentlitteratur, Lund, 2003.

**85. Katarina Bjärvall** forskare författare, "Vi skall inte ge allt fler ADHD medicin, vi skall anpassa undervisningen efter elevens behov". "24 av 50 forskare inom ADHD forskning är knutna till läkemedelsföretag och därmed lojala mot dem. Detta okritiska förhållningssätt sprider sig". "Störningen" Ordfront Förlag, Stockholm. 2019.

**86. Mats Alvesson** professor och forskare i företagsekonomi/ ledning o organisationsteori vid Lunds universitet, "Dumhetsparadoxen, den funktionella dumhetens fördelar och fallgropar". Medförfattare André Spicer professor i Organisational Behavior Business School, City University, London. Dumhetsparadoxen var namnet på en föreläsning av Mats Alvesson på Göteborgs stadsbibliotek 10/4 2019.

# Ja!

Frågan är svaret

när tid finns

den öppnar

ställer krav

I frågan finns en riktning

som bemannar dig

utlöser aktivitet

lekfulla ingångar

kreativa reflektioner

spännande upptäckter

av mening sammanhang

för dig

på egna villkor

Frågestrategier blir då ett medium för lärande


JanErik Pederstorp


"Bemannar" P.O. Enkvist, Liknelseboken s.41, 2013 Norstedts, Stockholm.

# Slutord

**Mission possible!**

Vad gjorde skillnad? Långsiktigt lärande är personligt men också socialt betingat därför att vi behöver få vår kunskap bekräftad av kamrater i en studiegrupp. Förundran, fantasi och lekfullhet är sedan kreativitetens motor i arbetet med att vaska fram ett eget meningsfullt sammanhang. Hjärnans arbete kan påverkas därför att den alltid strävar efter att skapa mening i fakta och företeelser. Det sker genom att fakta ges en naturlig roll i enkla berättelser. Om vi aktivt rangordnar informationen med frågestrategier skärper vi uppmärksamheten, ökar koncentrationsförmågan och blir medvetna om var vi befinner oss, vad vi kan och vad vi saknar. Denna personliga kunskap på metanivå, blev så tydlig och sporrade oss att arbeta hårdare och mer medvetet med Grit-träning. Det blev vi själva och samtalen i studiegruppen som hamnade i centrum. Tillsammans med andra upptäckte vi också hur viktigt det är att vara ödmjuka och låta oss bli förundrade av detaljer och sammanhang för att släppa fram vår kreativitet och upptäckarglädje. Det fick oss att skapa egna meningsfulla berättelser som passar hjärnans påverkbara arbetssätt. Till sist medelhavskost, sociala kontakter och idrott är viktiga förutsättningar när vi planerar vår skolmiljö.

Under arbetet med boken har jag fått en inblick i ett nytt yrke, författarens. Det har varit ett spännande och men också krävande uppdrag.

Ett stort tack till elever och kollegor för alla viktiga kommentarer och användbara idéer. I skrivandet har jag haft hjälp av bibliotekarien Jan-Olof Sjöström som finslipat mitt språk. Tecknaren, fotografen/designern Oscar Petersson som utvecklat textens kreativa möjligheter med träffande tecknade figurer och skapat den spännande och mångtydiga omslagsbilden. Min son Tor vill jag tacka för all hjälp med tekniken och anpassningar av texten vid publicering samt vid skapandet av min hemsida. Sist men inte minst ett stort tack till min särbo Lena-Marie Ahl för hennes goda råd, foto och många gånger tålmodiga lyssnande.

JanErik Pederstorp